亜希の「ふたが閉まるのか？」弁当

～母ちゃんと息子2人、笑いと涙の18年の弁当記録～

亜希

よくぞ、作ってきました！　18年間。

私のお弁当作りは、長男の正吾が幼稚園に入ると同時にスタート。次男の勝児とは3歳違いなので、2人連続で6年間。それが終わると、それぞれ少年野球が始まり、毎週末の練習や試合のためにお弁当を。やがて中学・高校生になり、またもや2人連続で9年間。そんなわけで、気づけば18年。よくやった！

この本にあるのは、2人の中高生時代とともにあったお弁当たち。食べざかり、さらに、スポーツをする彼らに作るので、超特大サイズの超超大盛り。ページをめくってびっくりするかもしれませんが、これがわが家の真実。

名づけて「ふたが閉まるのか？弁当」。

そもそも、ふた、閉める気なし！　のせるだけ（笑）。そんな大ざっぱな性格と、さらにおなかいっぱい食べさせたいという暑苦しい思いが重なって、ここに着地。もちろんお弁当箱を大きくすればすむけど、個人的にこのビジュアルを楽しみたい。きちんと閉めようとすると私らしいお弁当は作れない。それと、

あわよくば息子たちに、うちの母ちゃんの弁当ってほかと違う、と記憶に残したい……いわば、一方通行の片思い。

18年間、いろいろなことがありました。家族の形が変わるとともに、お弁当も変化しています。おかずを何種類も詰めていたのが、いつしか引き算方向に。わっぱのお弁当箱がかっこいいと思っていたはずなのに、たくさん入る無骨な保存容器をじゃんじゃん使いはじめ……。食べる側の息子たちも、積極的に野菜をとるようになっていったんだなぁと、彼らの変化にも感慨深い。

この本を読んで、皆さんのお弁当作りが楽しくなったらうれしいですが、決して無理強いはしません。作るのがめんどうなら日の丸弁当だっていい。むしろ私はそれくらい潔いのが好き。お弁当は自由でいい。好きなように作ればいい。そう、ふたが閉まらなくったっていい。かるくのせてるくらいがちょうどいい。ふたと心は軽めでいきたい！　そう思ってます。

Instagramにあげたお弁当の数……**406**件!（2014~2024年・編集部調べ）一部を母ちゃんLOGとしてお楽しみください。

and more & more!

目次

この本の表記について

●大さじ1は15㎖、小さじ1は5㎖、1カップは200㎖です。
●フライパンは特に記載がない場合、直径26㎝のものを使用しています。
●電子レンジの加熱時間は600Wのものを基準にしています。500Wの場合は1.2倍を、700Wの場合は0.8倍を目安に加熱時間を調整してください。なお、機種によって多少異なる場合もあります。
●オーブントースターの焼き時間はあくまでも目安です。様子をみながら加熱してください。
●揚げ油の温度は中火で2〜3分油を熱してから、乾いた菜箸を入れてその様子で判断します。
中温（170〜180℃）＝菜箸からすぐに細かい泡がまっすぐ出る程度。

二章 やっぱり、定番は強い

三章 おなかからあったまれ！ 週末野球弁当

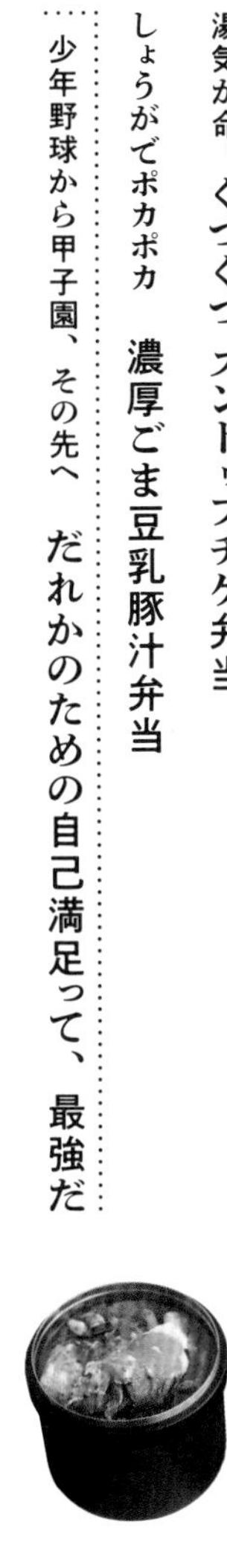

七章 私の原点 ソウルフード

コラム

こんなに巨大。

体感ください。母ちゃん弁当

高さも重さも超ド級。
超特大にして、超ヘビー級クラス。
それが、わが家のお弁当。でも、ご安心を。
ふたは(きっと)閉まりますから。
大丈夫(なはず)ですから。
さ、今日も元気にいってらっしゃい!

ほぼ実物大!

重さ976g

はみ出し5.5㎝

うどん なんと3玉

この弁当、育ちざかりの男子向けにつき。「ふたが閉まるのか?弁当」1個＝普通の弁当2個分。

鶏もも肉2枚（約600g）

米2合

重さ1046g

鶏もも肉1枚（約300g）

米½合

ミニトマトやパクチー、細切りのソフトケールのせ

右が通常サイズ、左がわが家の通常弁当。そうです、特大なんです。育ちざかり、しかもスポーツをやっている息子たちにはこれくらい必要。おなかいっぱい食べてがんばってほしい。たりないなんて絶対言わせない! そんな思いで作ってきました。というわけで、**この弁当の分量は、おかずは2倍、弁当1個＝いわゆる普通サイズ2個分、とお考えください。**普通サイズ1個分を作る際は材料を½量にする、2つに分けて詰める、もしくは残りを作り置きにすることをオススメします。

二 はみ出して ナンボ。

見てのとおり、ふたが閉まるのか不安になるくらいはみ出しております。**が、人生といっしょ、はみ出してナンボです。**どーんと盛っちゃってください。大丈夫です、ちゃんと閉まりますから。むしろ閉めたあとにぺたんとつぶれた様も愛おしく感じるくらい。P15でふたを閉めて包むまでのコツを紹介しているので、ぜひ参考にしてください。

三 米は1人分2合がキホン。

もちろん、ご飯の量も多いです。2合なんてザラ。うどんも3玉入れちゃうくらい。育ちざかりでスポーツをやってる男子なら、それくらい食べるんですよ、ペロリと。最近はカロリーを気にしてこんにゃく米を混ぜることもありますが、量は変わらず。となると、おかずも必然的に多くなる。つまりは特大サイズ、はみ出し万歳となるわけです。

四 キロ超え、上等。

この本では弁当の重さ、はみ出しぐあいを計測！　なんと1kg超えがほとんど。はみ出し6.5cmなんて記録もありました。思わず弁当を持つ手がプルプルと震えることもしばしば。むしろ、だんだんとキロを超えることが快感にさえなってしまって(笑)。弁当作りは朝のストレッチだと思っていますが、筋トレでもあるんです。

包み方にも極意アリ。

こんなにおかずが山盛りで、いったいどうやってふたをするの？　そんな不安の声をよくいただきます。**でも、弁当箱って空間があるから、思った以上に入るんです。**ふたをのせてぎゅっと押せば、意外と閉まるんです。

1 ふたはのせるだけ

ぎゅーっと上から押さえずとも、ふたはのせるだけでよし。

2 結わく力で

クロスにのせたら、ふたをかるく押さえつつ、クロスの左右の端を結んでいきます。結ぶときに押さえる力でふたが閉まる！

3 できたっ！

おかずは汁けが少ないもの、汁けを吸ってくれるものを組み合わせるのが必須です。

4 開けてみると……

見事にぺったんこ！　駅弁みたい。この飾らない姿が最高だと思っています。

一章 茶色いは正義

白めしがすすむといったら茶色のおかず。見た目は映えない地味弁だけど、今はむしろこれがいい。胸張って言える。これが正義！

てりってり！
一口サイズのカツ＆ウスターの酸味、
バターのこくで想像以上に
パクパク食べられちゃう、危険なシロモノ。
ソースがたっぷりしみた白めしを
思いっきりほおばれ！

＼もはや副菜不要！／

たれがうまいソースカツ丼弁当

（育ちざかりの男子の特大弁当1個分）○カロリー／1687㎉　○塩分／4.3g

材料（P16の弁当2個分）

豚ヒレかたまり肉……400g

〈甘辛ソース〉

お好み焼きソース……150㎖
ウスターソース……120㎖
みりん……90㎖
バター……8g

塩、こしょう……各少々
小麦粉、溶き卵、パン粉、揚げ油……各適宜
ご飯……2合分（約660g）×2

作り方

一 豚肉は厚さ約1㎝、12切れに切る。包丁の背で厚さ7㎜になるまでたたく。塩、こしょうをふる。小麦粉、溶き卵、パン粉を順に薄くまぶす。

二 揚げ油を中温（P6参照）に熱し、一を4分ほど揚げて、取り出して油をきる。フライパンにソースの材料を入れて中火にかける。ふつふつとしたら全体を混ぜ、火を止める。

三 弁当箱にご飯を詰め、ソース適宜（大さじ2程度）を全体にかける。カツにソースをたっぷりとからめ、ご飯にのせる。

極上のたれに必要なソース2種

甘いお好み焼きソースと、スパイシーなウスターソース＆みりんを混ぜるだけ。かくし味のバターでこくが出ます。

カツは冷凍しておいても

カツはまとめて下ごしらえし、残りは冷凍すると便利。ころもまでつけたらラップに包み、冷凍用保存袋で冷凍を。保存目安は1カ月。

正しい弁当箱の閉め方

肉もころもも
薄めでOK

すぐ揚がるし、
さめてもおいしい

カツにソースを
たっぷりからめて

＼どうだっ!!／

《この潔さが、うちの味。》

息子2人が大好きな、こじつけ勝弁(かつ)

「いちばん好きなお弁当って、何？」
息子たちが小学生のころ、きいてみたことがあります。２人そろって挙げた答えが「ソースカツ」。わが家のソースカツは、私の愛するふるさと・福井流。思い出の味が２人にも伝わっている、さらに、それを好きな味だと思ってくれていることが妙にうれしかったことを思い出します。

このお弁当をいちばん作っていたのは、まさに２人が小学生時代。週末の少年野球で、特に試合のある朝に気合を入れて作る、いわば験担ぎ弁当でした。「カツ＝勝つ」の縁起物として、これを食べて勝ってくれ!!　打ってくれ!!　という思いで早朝からせっせと揚げものを。

当時は張り切って作っていたけど、じつは揚げものってあんまり消化によくない（笑）。すぐエネルギーに変わりやすいおむすびとかがいいって、ママ友に教えてもらって衝撃を受けたり。

そんなことも知らずにいた時代に作っていたお弁当。でも、これを食べたら勝てる！　って暗示にかかってくれたら、それでいいんです。彼ら自身が持つ力を発揮できること、結果を出すことのほうが大きいから。それが自信につながることの大切さを、ずっと信じていました。

母ちゃんも気合を入れて、1キロ分のカツをまとめて下ごしらえして冷凍する、店レベルの仕込みをしたものです。だから、みっちり詰まった冷凍庫の作り置きのなかでも、カツは絶対不動のスタメン。もちろん、買ってきたカツでもいいんですが、私はこの薄さと一口サイズが好きなのであえて自前で。

カリッと揚げたら、甘辛ソースをからめて白いご飯にどんとのせるだけ。もはや副菜もいらない！ 彩りも栄養バランスも一切気にしない！ 茶色いソースのたっぷりかかったご飯を思う存分ほおばってくれたら、それでいい。

何より、カツだけをどん！ とのせた潔い仕上がりは、自分そのものだなって思う。息子たちに負けないくらい、自分らしくて大好きなお弁当です。

2014年12月12日

日曜のための勝ち弁の仕込み日。とんカツ屋さ〜ん！

2020年2月13日

昔はブレブレだった私が行きついた先……ぶれない強さが人を作るんだとソースカツ丼弁を通して思う朝。名づけて一匹狼弁当。笑

2014年11月22日

やっぱり福井県民はソースカツ丼！ 10年前、ご飯がまだまだ少ないね。笑

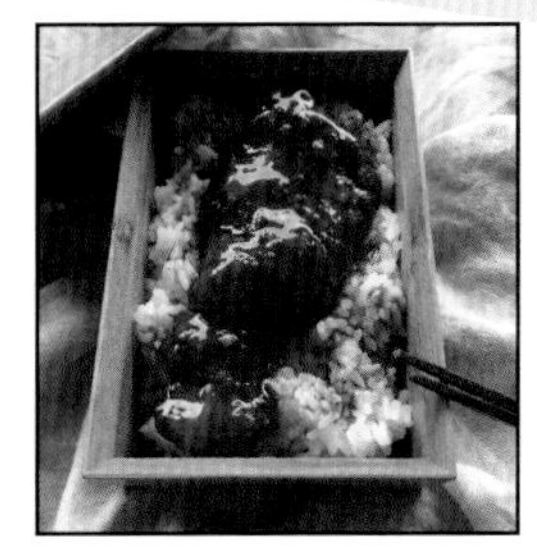

2017年5月14日

しょうが焼き用の肉で軽食。これで勝利を呼び込む！
#勝つ#喝#勝つ丼#相変わらずのこじつけ

閉まらぬなら、
閉めてみせよう

肉も野菜もぜーんぶいっしょに
たれに漬け込んだら、朝は焼くだけ！
忙しい朝こそ、〈肉のっけ〉の出番。
焦げ目もまたいい味になるから、
しっかり焼いて。

忙しい日は肉のっけ！

漬け込み しょうが焼き弁当

あえてわっぱの「ふた」に詰めてボリューム増！

\ 忙しい日は肉のっけ！ /

漬け込みしょうが焼き弁当

（育ちざかりの男子の特大弁当1個分）○カロリー／2019kcal　○塩分／5.3g

材料（右ページの弁当2個分）

〈漬け込みしょうが焼き〉

豚肩ロース肉（しょうが焼き用）……700g

新玉ねぎ……2個

にら……1束（約100g）

〈漬けだれ〉

にんにくのみじん切り…大さじ2

にんにくのすりおろし……大1かけ分

しょうがのすりおろし…大さじ2

酒……½カップ

みりん……¼カップ

白だし（5倍濃縮）……70㎖

めんつゆ（5倍濃縮）……20㎖

粗びき黒こしょう……小さじ½

ごま油……少々

ご飯……1.5合分（約495g）×2

ごま油……小さじ4

作り方

一 新玉ねぎは幅1.5㎝のくし形切りにする。にらは長さ5㎝に切る。

二 保存袋にたれの材料を混ぜる。豚肉を入れてもみ、新玉、にらを加える。全体にたれをなじませ、空気を抜いて口を閉じる。冷蔵庫に30分以上置く。弁当箱にご飯を詰める。

三 フライパンにごま油小さじ2を中火で熱し、二の肉の½量を広げ入れる。色が変わったら上下を返し、あいたところに新玉とにらの½量を加え、3分ほど焼いて粗熱を取る。残りも同様に焼く。ご飯に肉をのせ、あいたところに新玉、にらの順にのせる。

※保存の目安：保存袋で漬けこんだ状態で冷蔵で3日ほど。

名づけて 自家製ミールキット

肉も野菜も1袋で漬け込んじゃう。日もちするから晩ごはんにしても。新玉を厚めのくし形切りにすると、とろけておいしい！

＼でーんっ!!／

おかずぎゅうぎゅう。

ふわふわ鶏つくね弁当

（育ちざかりの男子の特大弁当1個分）○カロリー／1301kcal ○塩分／4.1g

息子たちが成長するにつれ、
おかずがひしめくスタイルに。
食べざかり男子には、これくらいがいい。
新玉入りのつくねはゆでてから
トースターで焼くと、ふわっふわに！

ゆずこしょう風味の鶏つくね

（1個分123kcal　塩分0.5g）

材料（12個分）

〈たね〉

鶏ひき肉……700g
新玉ねぎ……1個
卵黄……1個分
ゆずこしょう…小さじ½
塩、ごま油…各小さじ1

バター……10g

作り方

一 新玉ねぎは1cm四方に切る。フライパンにバターを中火で熱し、新玉を1分ほど炒める。バットに広げてさます。

二 ボールにたねの材料を入れ、練り混ぜる。たねを1/12量ずつ小判形に整える。熱湯で10分ほどゆで、ざるに上げる。

三 天板にアルミホイルを敷き、つくねを並べる。1分ほど予熱したオーブントースター（P6参照）に入れ、10分ほど焼く。

※保存の目安：ゆでた状態で冷蔵で3日ほど、冷凍で2週間ほど。

卵焼き

（全量で272kcal　塩分1.5g）

材料（P28の弁当2個分）**と作り方**

一 ボールに卵3個を溶きほぐし、白だし（5倍濃縮）小さじ1と½、みりん小さじ1を加えて混ぜる。

二 卵焼き器にごま油を薄く塗り、一の⅓量を流し入れる。火が通ったら菜箸で奥から手前に3つ折りにする。卵を奥に移動させる。

三 卵液の⅓量を流し入れ、卵を持ち上げ、卵液を流す。二～三を2回繰り返す。さめたら4つに切る。

ピリ辛しらたき

（1個分16kcal　塩分0.3g）

材料（10個分）**と作り方**

一 結びしらたき10個（約120g）は熱湯で2分ほどゆで、ざるに上げる。たれの材料（しょうゆ、みりん各大さじ1　酒大さじ2　砂糖小さじ2　赤唐辛子の小口切り½本分）を混ぜる。

二 フライパンにごま油小さじ1を中火で熱し、しらたきを1分ほど炒める。たれを加え、汁けがなくなるまで炒め煮にする。

※保存の目安：冷蔵で4日ほど。

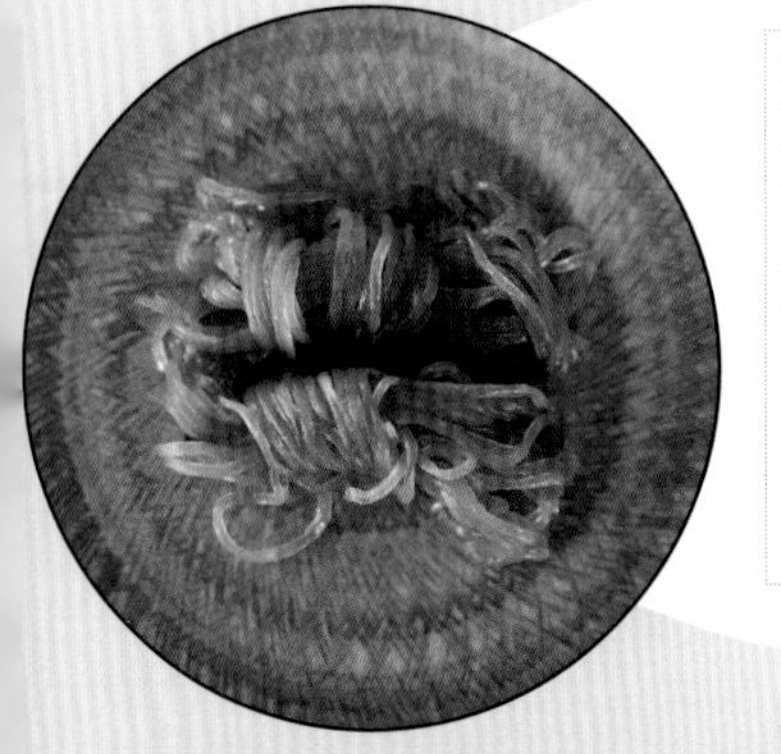

揚げ焼きれんこん

（全量で84kcal　塩分0・1g）

材料（弁当2個分）**と作り方**

れんこん4㎝は、皮ごと幅8㎜の輪切りにする。水に5分ほどさらし、水けを拭く。フライパンにオリーブオイル大さじ2を中火で熱し、両面を1分ずつ揚げ焼きにする。

菜の花しらすバター

（全量で191kcal　塩分0・6g）

材料（P28の弁当2個分）**と作り方**

菜の花½束（約100g）は根元を切り、長さを3等分に切る。フライパンにバター20gを中火で熱し、菜の花を2分ほど炒める。しらす干し大さじ2を加え、さっと炒める。

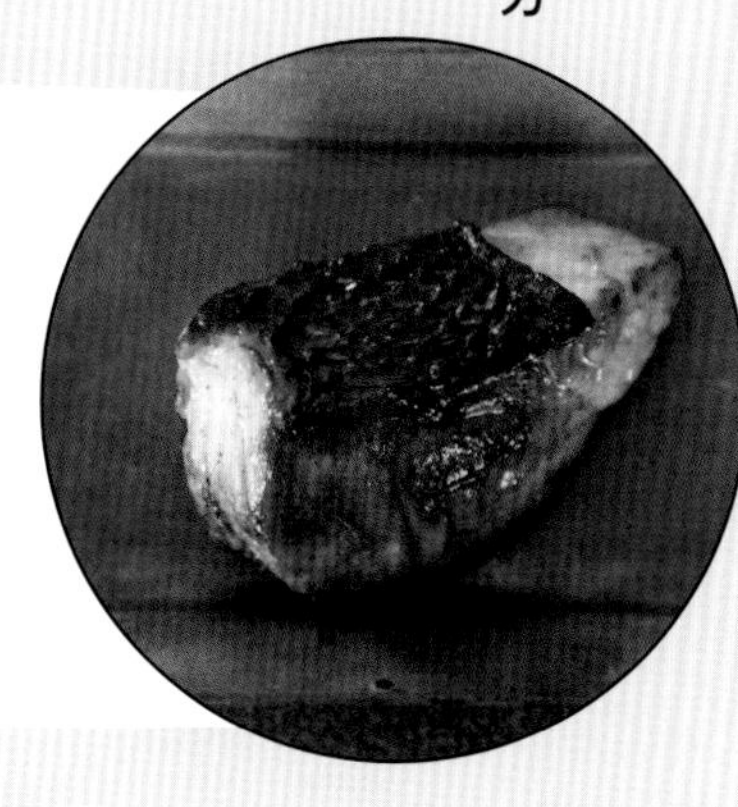

鯛の漬け焼き

（全量で199kcal　塩分0・9g）

材料（P28の弁当2個分）**と作り方**

鯛の切り身1切れは4つに切る。たれの材料（しょうゆ、みりん、酒各大さじ½）を混ぜ、鯛を20分ほど漬ける。魚焼きグリル（両面焼き）で5分ほど焼く。

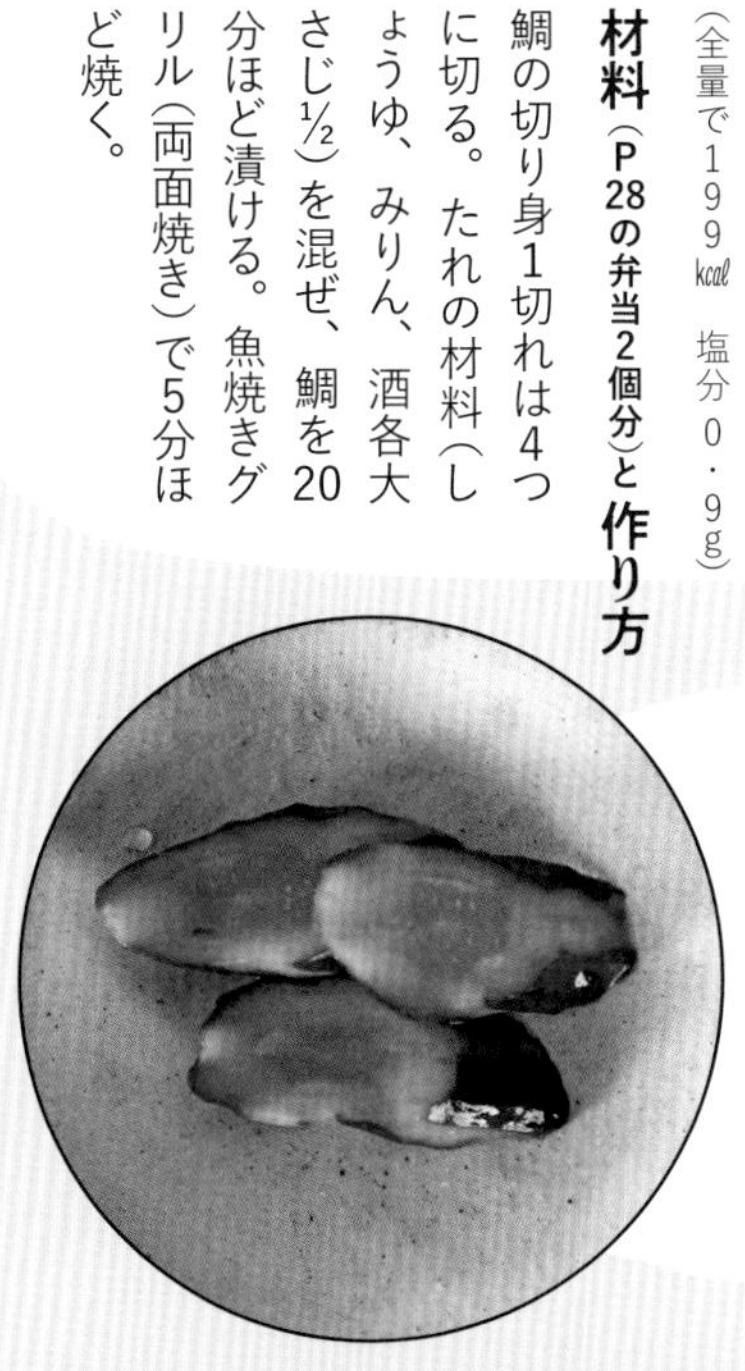

カリカリきゅうり

（全量で40kcal　塩分1・2g）

材料（作りやすい分量）**と作り方**

きゅうり2本はピーラーで皮をしま目にむき、斜めに幅1㎝に切る。保存袋に入れて塩少々でもみ、にんにくのすりおろし、しょうがのすりおろし各½かけ分、白だし（5倍濃縮）大さじ1を加え、10分ほどおく。

《人呼んで、人生結びつけ女》

朝から大喜利やってます

どうやら私は「詰めること」に快感を覚えているようです。料理に関しては基本ざっくりだし、盛りつけめんどうだなということはあるのに、お弁当作りは18年、なぜか一度もめんどうに思ったことがない。

どうしてか……？　と考えてみると、できたおかずをピシッとお弁当箱に詰める作業が好きだということに気がつきました。さらに、作り置き用の肉と野菜をピシッと保存袋に詰めておくとか、作ったおかずをバットに並べるとかが、楽しいんです。

こう言うと、さぞふだんきっちりしていると思われるのですが、まったく違います。旅行の荷物のパッキングなんて、くるくるポンでいいし、クローゼットはとてもお見せできない状態。テーブルコーディネートにも興味がない。だけど、お弁当に関することだけは別。おかずがぎゅうぎゅうひしめき合っている姿は愛おしくてしかたないし、達成感がむくむくわき上がってくる。お弁当がうまく詰められると、その日一日をうまくスタートできる気がするんです。ある意味これが、私にとっての朝のストレッチになっているのかもしれません。

朝からそんな気持ちでお弁当を作っていると、どんどん楽しく

安希流　詰め方の極意、

一、おかずは右上から。盛りつけ一本勝負！

まずはメインのつくねから ←

菜の花をギュッと ←

なって、ちょっとしたハッシュタグも思い浮かぶ。言葉を選びながら、一人でニヤついたりして。

たとえば、しょうが焼きにいい焼き色がついたら「こういう焦げ目こそが味になる、人生と同じ！」と思って「#焦げ目がついたくらいからが人生の本番」。餃子弁当のときには、おいしいにおいがしてればいいいじゃないかと「#にんにくのにおいはアロマより勝つ」。朝、冷蔵庫の中の状態を見て、自分の心の中を映すものだなと気づき「#心と冷蔵庫の中はセットやで弁当」。もはやお弁当がどうこうより、朝のひと笑いに命を懸けてる自分に気づくことも。ちなみに悲しいかな、同じハッシュタグが使われている気配はありません。タップすると出てくるのは私の画像一点のみ。ダジャレも好きだし、人生に結びつけるのも好き。ふだんからあまりに言いすぎて、20年以上いっしょにいるマネージャーにはスルーされてます。

そもそも、この本のタイトルも、ハッシュタグがきっかけ。過去には「#ふた閉まるんかい」というのもありました（笑）。続けていたら、こういうこともある。一人大喜利もいいものです。

二、ふたはのせるだけ

れんこんを差し込み

ダメ押しのつくね！

ふたはのせるだけにし、クロスで包むときにふたを押さえてきつく結びます。汁けが出ないおかずを選ぶこと必須！

私と息子たちにとってのよき相棒であるお弁当箱。幼稚園から高校まで使ってきた歴代たちをピックアップして紹介します。手のひらサイズからどか弁まで勢ぞろい。一個一個にぜんぶ当時の思い出が。たとえ同じおかずでも、お弁当箱が変われば気分も変わる！　って思いながら、ずいぶん助けられてきたなぁ。

ちいさい！
もうボロボロ
なつかしいなぁ

（私が）
曲げわっぱ
使ってたっけ

中学生になって
食べる量が増えて
2段重ねが登場！

奮発したヒノキ製。
なのににおいがいやって
言われてちーん

昭和な見た目が
今でもお気に入り
アルミの2段

サイズかわいや幼稚園時代

←

忍び寄るどか弁の気配時代

お見せします!

わが家の歴代スタメン弁当箱

愛するジップロック
弁当箱にも作り置きにも便利で
10 個近くコレクション

鶏もも肉2枚は余裕で入る
どでか弁当

無印良品の保存容器を
2つ重ねる作戦
汁もれしなくて安心

容量 1.5ℓ!
炒飯3合みちみちに
詰めてたなぁ

レギュラーは保存容器時代 ← 普通の弁当2個分時代 ←

and more & more!（家にはトータルで 50個くらい）

二章

やっぱり、定番は強い

息子たちが小さなころから作りつづけているメニューがずらり。とはいえ、飽きないようアップデートしつつ。わが家を支えるスタメン、頼りにしてます！

つなぎは一切不要！
ジューシー
塩ハンバーグ弁当

ねぎとろ並みにしっかり練れば、
つなぎなしでもふんわりジューシーに。
玉ねぎはあえて大きめで食べごたえを出して。
味つけは市販品に頼ってナンボです！

つなぎは一切不要！

ジューシー塩ハンバーグ弁当

（育ちざかりの男子の特大弁当1個分）○カロリー／1653kcal　○塩分／4.2g

材料（P35の弁当2個分）

合いびき肉……500g
（牛多めで赤身がおすすめ）
玉ねぎ……1個（約200g）
塩……小さじ1
粗びき黒こしょう……適宜
ごま油……大さじ1
ほうれん草……1わ（約200g）
バター……大さじ1
塩、こしょう……各少々
トマトケチャップ、粒マスタード、
塩ポン酢（P67参照）……各適宜
乾燥梅肉……適宜
ご飯……2合分（約660g）×2

作り方

一　玉ねぎは粗いみじん切りにする。ほうれん草は根元を切り落とし、長さ4cmに切る。ひき肉をボールに入れ、塩とこしょうを加えて手でしっかり練り混ぜる。玉ねぎを加えてさらによく混ぜる（粘りが出て、白っぽくなればOK）。

二　たねを4等分してまとめ、両手でキ

白っぽくなればよし

味つけは潔く塩こしょうのみ！

「ねぎとろ」くらいになるまでとにかく練る！

図解式母ちゃん弁当

ャッチボールをするようにして空気を抜きながら、厚めのだ円形に整える。

三 フライパンにごま油を中火で熱し、❷を並べ入れ、焼き色がつくまで2分ほど焼く。裏返して水¼カップを入れ、ふたをして弱めの中火にし、10分ほど蒸し焼きにする。ペーパータオルに取り出してやすませる。

四 フライパンはさっと洗う。フライパンにバターを中火で熱し、ほうれん草を炒める。しんなりとしたら、塩、こしょうで味をととのえる。

五 弁当箱にご飯を詰めて乾燥梅肉をふる。❸、❹を盛る。ケチャップや粒マスタード、塩ポン酢を添える。

息子はふたにひとつ取り分けて、塩ポン酢をかけて食べているそう。味が混ざらなくていいよね。

いったんやすませると
肉汁が落ち着く

さめてもカリッカリ

究極の塩から揚げ弁当

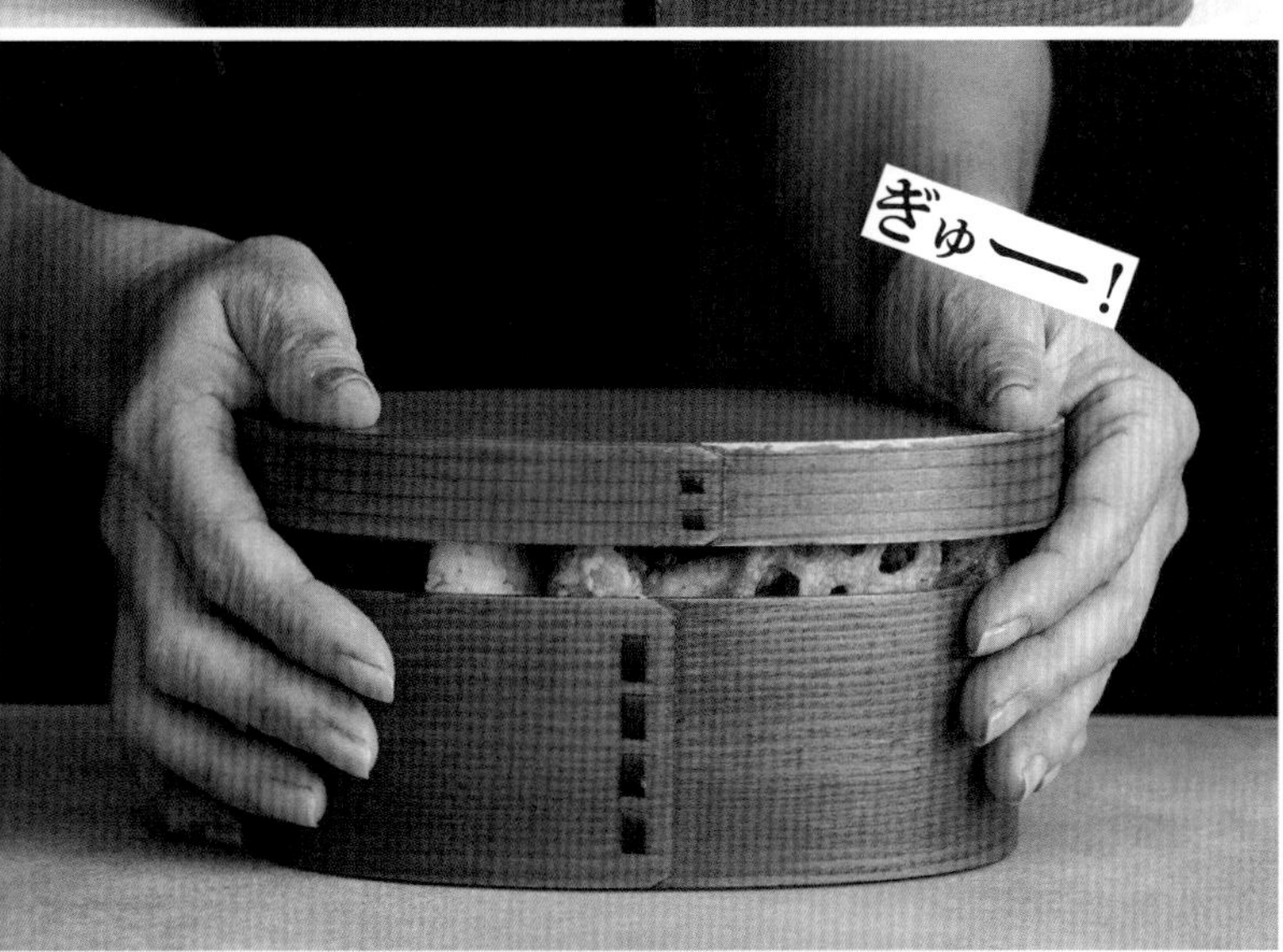

鶏肉は下味なしで、まぶすのは粉のみ！
ポリ袋を使い、まんべんなく効率よくまぶします。
揚げたそばからつまみ食いが止まらない、うちの人気メニュー。

袋フリフリ

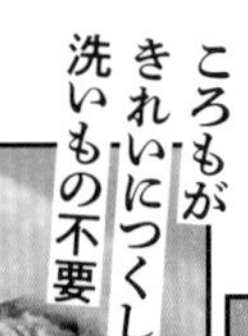
ころもが
きれいにつくし、
洗いもの不要

じゅわー

カリッカリに
揚げるよーー！

＼さめてもカリッカリ／

究極の塩から揚げ弁当

（育ちざかりの男子の特大弁当1個分）○カロリー／1207kcal　○塩分／5.5g

材料（P40の弁当2個分）

鶏もも肉（大）……2枚（約600g）
れんこん（小）……2節
芽キャベツ……1袋（約100g）
塩……適宜
こしょう……少々
片栗粉……大さじ1～2
揚げ油（米油がおすすめ）……適宜
おむすび（P51参照）……4個

野菜はあるもので

作り方

一 れんこんは皮をむく。1節は縦6～8等分に、残りは幅5㎜の輪切りにし、水に5分ほどさらす。ざるに上げ、水けをしっかりと拭く。鶏肉は余分な脂肪を取り除き、一枚を5つに切る。

二 ポリ袋に鶏肉を入れ、片栗粉を加える。空気を含ませるように袋を振ってまぶす。

三 揚げ油を中温（P6参照）に熱し、れんこん、芽キャベツ（油はねに注意）の順にこんがりとするまで揚げ、取り出して油をきり、塩、こしょう各少々をふる。続けて鶏肉をくっつかないように入れて2～3分さわらずに揚げ、返しながら4分、香ばしい焼き色になるまでさらに揚げる。取り出して油をきり、熱いうちに塩小さじ½をふる。

四 弁当箱に三を盛り、おむすびを詰める。

図解式母ちゃん弁当

はみ出し6.5㎝

重さ718g

《シンプル万歳！》

「引き算の亜希」と呼ばれます

ハンバーグやから揚げは、子どもたちが小さいころから作りつづけている定番中の定番。今でも、よく登場するメニューです。といっても、ずっと同じ作り方というわけではなくて。

たとえばハンバーグ。昔は、つなぎにパン粉と牛乳というザ・定番！　な感じで作っていて。それが、ヘルシーにしたいと思って高野豆腐をすりおろしたり、豆乳を入れたりと、あれこれ工夫した時期もありました。それが今は、つなぎは一切入れず。引き算も引き算、引きまくって、どシンプルになったんです。だって、つなぎってなくても大丈夫！　しっかり練れば、意外とちゃんとまとまる。人間関係といっしょだなぁ、なんて（笑）。

味つけも引きまくってあえての塩のみ。ハンバーグって肉のうまみが命だと思うからシンプルがいい。各自、そのときに食べたい味を楽しんでってことで。これが意外と息子たちに好評。次男は、ふたに取り分けて、味つけを変えて食べていると教えてくれました。ちなみに、がんばった日や試合に勝った日は、いつもの合いびきではなく、牛だけの粗びきに。これがまたステーキみたいに焼き上がるから、ご褒美感が出るんです。

から揚げもごくシンプルに。下味はあえてつけず、揚げたてあ

2015年6月6日

今日はハンバーグ10個弁当！ #ミニサイズ#下に6個#上に4個#足し算すると計10個#勝利を願う

つあつに塩をパラリ、以上！　余分な水けが出ないから、時間がたってもガリッガリ。もうね、歯が折れるくらい（笑）。お弁当を食べるタイミングでもカリッとしてたらいいなぁと思って始めました。

揚げるときのポイントは、鶏肉をぎゅうぎゅうに入れすぎないこと。少し余裕を持たせてたっぷりの油に入れたら、あまりいじりすぎないこと。見守りながらゆったりのびのびと揚げていく。子育てといっしょです。

体のことを考えて揚げものを少し控えるようになった息子たちですが、から揚げはやっぱり好きみたい。私もつい揚げてしまうんですけど、この前久しぶりに帰ってきた長男に「またから揚げ？」って言われちゃいました。大学進学で家を出て、外食でから揚げを食べることも増えたみたいで、どうも食べ飽きている様子。何が食べたいかきくと「いい肉が食べたい、おいしいステーキが食べたい」って。学生のおこづかいじゃ食べられないし、寮の食事でも出ないだろうから、「いい肉」のありがたみがわかってきたんでしょうね。家を出たからこそ気づいたこと。生意気だなと思いつつ、これも成長だなーって感じています。

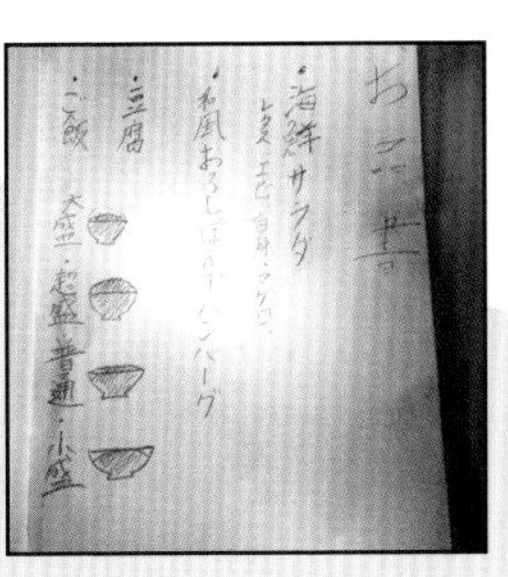

2014年7月24日

今日は朝から忙しく、帰宅したらこんな紙が……もう泣けてきた。けど、いちばん大切な銀シャリが炊いてな〜い！超盛にしようとしてたのに。笑 冷凍ご飯で挽回か！

2014年7月24日

お肉屋さんで、次男「ハンバーグの肉ください」と言ったらしい。笑 泣きながら玉ねぎ切って、こねて、想像するだけでまた涙……ママ的にはしその上にある大根おろしが気になる。笑 微妙な盛りつけが、さらに涙を誘う……

2015年4月21日

#かりかり#ぐらんぐらんの乳歯注意#歯もいっしょに食べちゃうから#男児飯

ゃんおむすび

母ち

とろけたバターとちょっとの焦げが
たまらない焼きおむすびと、
しなしなのりのふんわりおむすび。
そのままつまめるから、
野球の日の軽食によく作っていました。

おかかバターじょうゆ焼きおむすび

(おむすび1個分)○カロリー／207kcal　○塩分／0.5g

材料（おむすび6個分）

炊きたてのご飯
……… 2合分(約660g)
削り節 …… 2パック(約10g)
バター ………… 大さじ2
しょうゆ ……… 大さじ1〜2

作り方

一 ボールにご飯を入れ、削り節を加えてさっくり混ぜて6等分にする。両手を水でぬらし、ご飯を1/6量ずつ手にのせる。かるくにぎって丸く形を整える。

二 フライパンに一を並べ入れて中火にかけ、こんがりするまで焼いたら裏返す。バターを小さじ1/2ずつのせ、しょうゆを回しかけて、焼き色がつくまで焼く。アルミホイルで包む。

ぎゅっとにぎらず、ふんわり

ちょっと焦げてるくらいがおいしい

2018年2月12日

おはようございます。S44.4.14生まれってのもあり、昔から好きな数字は4！　4っていろんな意味で賛否両論。笑けど私にとってはずっとしあわせの「し（4）」。そんなことを思いながら今朝も焼きおむすびを詰める

2015年4月14日

今日の軽食。#練習の合間のおやつ#ポイントはパンのみみつき#泥んこになってこい

2016年5月29日

これはこの積み上げ方じゃないと4つ目で崩壊……#スパムおにぎり#何でもうずたかく盛る癖#盛りつけは高さ勝負#狙いは笑いのある食卓

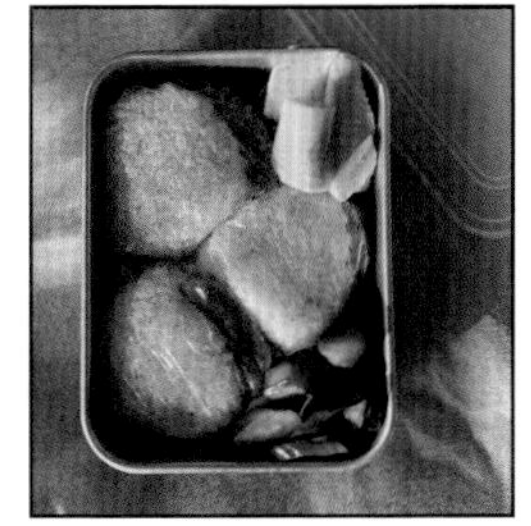

2022年4月2日

今朝はお気に入り軽食シリーズ。あれもこれも考えないから、おむすびにこだわる。まさに……一球入魂。一つのボールに魂こめる。命名…#一球入魂弁当どうでしょうか。笑

《これぞ、一球入魂!?》

初女さんのふんわりおむすび

料理をするうえで、いや、人生において。私のバイブルといえるのが佐藤初女さんの著書『いのちをむすぶ』（集英社）です。初女さんの生き方や考え方……すべてが温かく、理想の女性。彼女が作るおむすびにも影響を受け、同じようにギュッ！　とにぎらないおむすびを作るようになりました。ほおばると口の中でふわりとほどけるような感じがたまらない！　「おにぎり」ではなくあえて「おむすび」と言いたくなる仕上がりなんです。

2015年1月13日

昔から次男は負けず嫌い。おにぎり1つ食べたよ！ よりおにぎり8個食べたよ！ を言いたがる。よっておやつは決まって一口サイズ。これを聞いた人は嘘でしょ？ 小さいのにおにぎり8個も……がお約束。笑

2015年9月23日

むすぶ…結ぶ…大好きな言葉。人と人を結ぶ。手と手を結ぶ。心を結ぶ。にぎる側の思いがてのひらから伝わりそれがやさしさやパワーに変わる #うちの母のおにぎりはまん丸な爆弾級だった#今いちばん食べたいものは母のまん丸おにぎり

まさに魂がこもっているおむすび。

全体に真っ黒なのりが巻かれてしっとりしているのですが、このたたずまいはどこか亡き母が作るおむすびにも似ていて。小さな丸い手で一生懸命にぎってくれたことを思い出します。ただ一つ違うのは、爆弾級のサイズだったってこと（笑）。今でも兄と懐かしいねと話します。

私はこののりがしっとり、しなしなのおむすびが好きで、当然、まわりもそうだと思い込んでいました。でも、息子たちにきいてみたら、今はコンビニの棚に並んでいるようなのりパリパリ派がスタンダードだと。パリパリが好きなのが現代っ子なのかと、衝撃を受けました。とはいえ、私はぶれません。好きなように魂こめつつ、しなしな派でいかせていただきます！

にぎらないふんわりおむすび

(おむすび１個分)○カロリー／185kcal　○塩分／2.3g

材料（おむすび6個分）

炊きたてのご飯
……2合分（約660g）
塩……適宜
好みの具（梅干し、焼き鮭、
焼きたらこなど）……各適宜
焼きのり……適宜

作り方

一　お椀に塩小さじ⅙を入れ、好みの具をのせる。ご飯を茶碗1杯分かぶせ、さらに塩小さじ⅙をふる。両手を軽くぬらす。

片方の手のひらにお椀を返してご飯をのせ、両手で包み込む。下にした手のひらの親指のつけ根のふくらみに力を入れるようにし、上の手は力を入れず軽く回すようにして、丸く整える。のりではさむ。

（今日もがんばれよ）

材料を入れるだけ！ ぶっこみ無水カレー弁当

とろっとろ

ギリギリまでいじらず放置し、
野菜からの水分だけでくつくつ煮込みます。
具材は大きめでも、くったりやわらかくなるからご安心を。
辛さはルウで調整して。

＼材料を入れるだけ！／

ぶっこみ無水カレー弁当

（カレー¼量で）○カロリー／432㎉　○塩分／3.3g

材料（作りやすい分量）

鶏もも肉（小）……4枚（約800g）
玉ねぎ（小）……2個（約300g）
トマト……3個
りんご……1個
にんにく……2かけ
白だし（5倍濃縮）……小さじ2
ウスターソース……大さじ3
市販のヨーグルト飲料……1本（112㎖）
カレールウ（フレーク状　中辛・辛口）……各おたま1杯分
サラダ油……大さじ1
ご飯……1・5合分（約495g）

作り方

一　トマトはへたを取る。玉ねぎは縦半分に切る。鶏肉は皮を取り（※1）、余分な脂肪を取り除く。

二　口径約24㎝の無水鍋（または厚手の鍋※2）にサラダ油を中火で熱し、鶏肉、にんにくを入れる。玉ねぎを切り口を下にしてのせる。トマトを手で半分に割って加え、ふたをして10分ほど煮る。りんごはすりおろす。

三　野菜の水分が上がってきたらりんごを加え、ふたをしてさらに15分ほど煮る。白だし、ソースを加えてざっと混ぜてふたをし、さらに10分ほど煮る。

四　玉ねぎがとろりとしたら全体を混ぜ、カレールウを加えて混ぜる。ふたをしてさらに10分ほど煮る。ヨーグルト飲料を加えて全体をさっと混ぜる。

五　四を保温ジャーに入れ、弁当箱にご飯を詰める。

※1　余った皮は冷凍しておくと便利！
※2　厚手の鍋の場合、作り方二でふたをする前に、水2〜3カップを加える。

この3つははずせない！

最近はフレーク状のカレールウをよく使います。必要な分量だけ使えるし、溶けやすくて便利。R-1はね、加熱したら意味ないのはわかってます（笑）。でもね、気持ちなの！なんか体にいい気がするでしょ……。

図解式母ちゃん弁当

米1.5合

はみ出し0㎝

重さ 計1598g

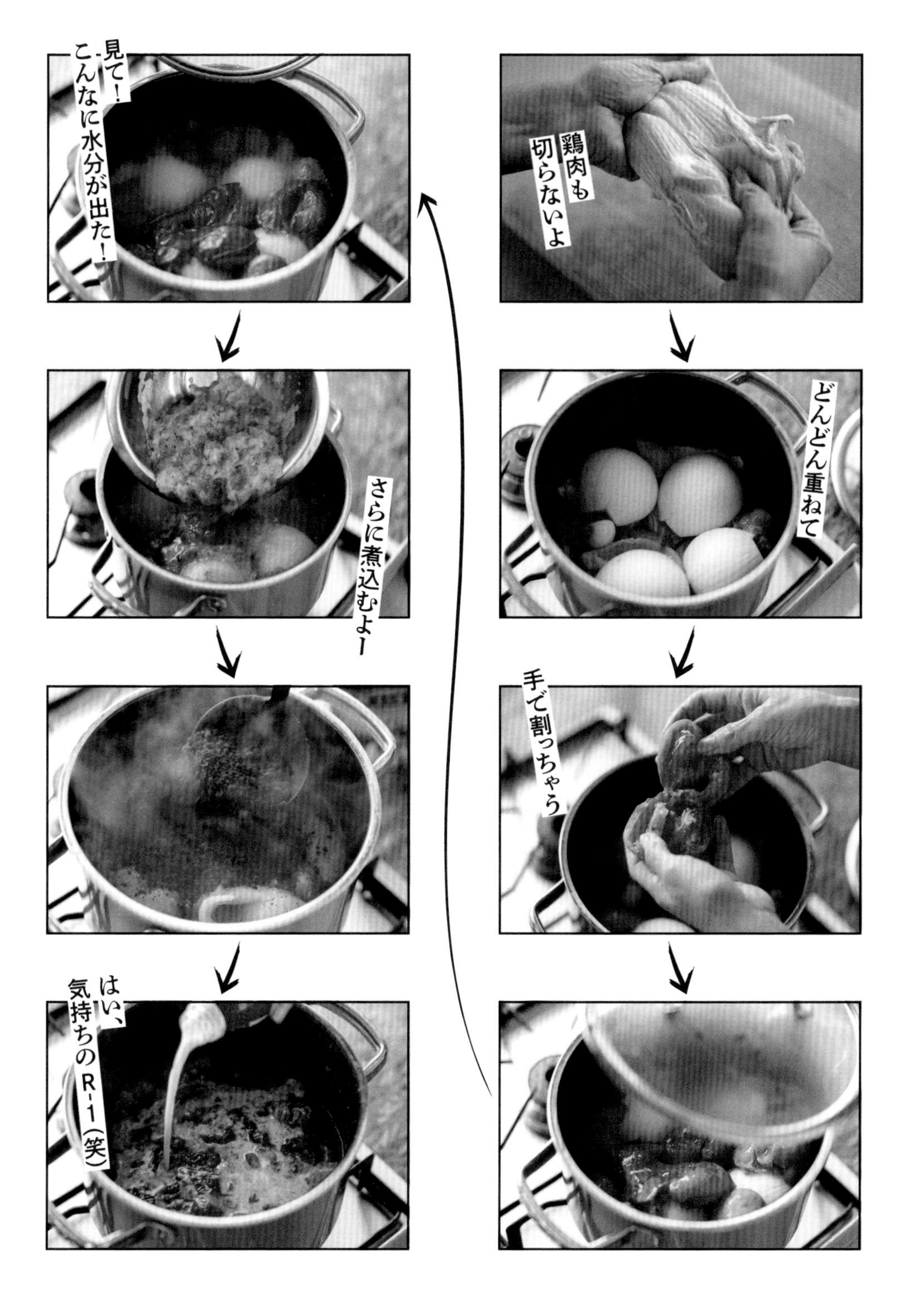
鶏肉も
切らないよ
どんどん重ねて
手で割っちゃう
見て！
こんなに水分が出た！
さらに煮込むよー
はい、
気持ちのR-1（笑）

《「うちのカレー」変遷一代記》
あめ色玉ねぎよ、さようなら。

カレーには、あめ色玉ねぎが大事だと思い込んでいました。絶対に。何年も。焦がさないように、ほどよくいい色になるように、じっくりていねいに炒めて、これがなくっちゃおいしいカレーにならないぞ、とこだわって執着してたくらい。手間も時間もかけて作ったカレーを、息子たちはあっという間にたいらげて「ごちそうさま〜！」。食べざかりあるあるですが、ちょっぴり複雑な気持ちでした。

そんなある日、無水鍋を使ってカレーを作ってみたら……めちゃくちゃおいしい！　あめ色玉ねぎってなくてもいいんだと拍子抜け。カレーに対する価値観、完全に変わりました。

包丁はほとんど使わず、調理道具はほぼ手！　肉も野菜もぶっこむだけで、あとは無水鍋がおいしくしてくれる。水を加えなくても野菜の甘みとうまみが凝縮されて肉もほろっほろに。がんばらなくてもおいしいって、主婦にとっては最高じゃないですか。あまりに簡単だからいつも大量に作って冷凍しています。息子たちからの「おなかすいたー」という声に、いつなんどきもこたえられる態勢。あっという間に完食されたって、もう複雑な気持ちはわきません（笑）。

カレーってやっぱり作ったその日よりも、次の日や2日後がおいしい。だからお弁当にも最適。夕飯で作ったら、翌日は冷蔵庫でねかせて、翌々日のお昼に持たせればよし。うっかり翌日だと「またカレー？」って声が聞こえてきますから。ご飯とカレーを詰めれば完了で、私はラクちん。作る人も、食べる人もうれしい。

亜希の名（迷）言集

「#子どもたちが無言で起きてリビングに来ると#間髪いれず私は　#うちに泥棒がいる〜〜#と叫びます　#笑」

母ちゃんLOG

振り返れば昔は、甘～いカレーを作っていたのが、いつしか必死にあめ色玉ねぎを炒めるようになり、一日かけて牛すじを煮込んだり、子どもの成長とともに辛くなったり。それがいまや、ぶっこむだけの無水調理に変わるとは。そろそろスパイスたっぷりのカレーとか作ってみようかな……。家のカレーって家庭の味が出るし、家族の形とともに変わっていくものですね。

はてさて、次のうちのカレーはどうなることやら。

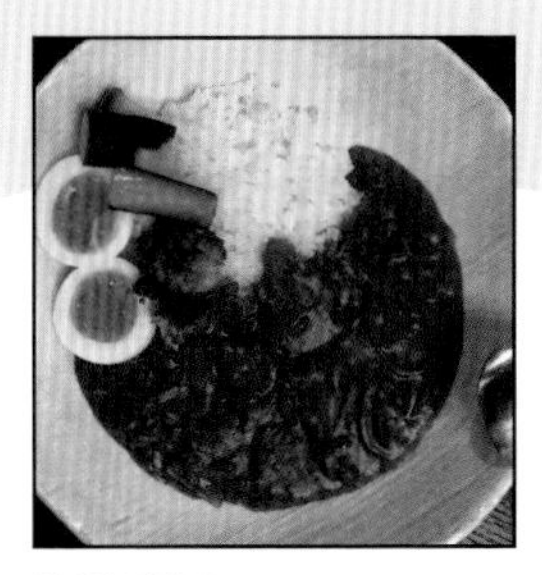

2016年9月9日

#目ん玉つき#トマトジュースで煮込んでみた

2017年5月1日

新玉ねぎとにんにくだけのカレーは飽きがこない。冷凍保存で24時間いつでも対応可。#ゴールデンウィーク中日#シンプルが勝つ

2017年7月3日

夏野菜メインの刺激的なスープカレー！

2014年2月18日

男児5人分＋お隣さん分

2014年9月11日

子ども大好きチーズ＆ベーコンのせ！お代わりあるよ。笑

2015年9月27日

おはようございます。夜が明けそうな新鮮な朝……深～～く深呼吸して一日が始まる！ #カレー弁

にんにくバターじょうゆの香りが
食欲を刺激する！
肉なしでも満足できるのは、
このたれのおかげ。
低糖質、高たんぱくを意識する
スポーツ少年にぴったり。

くせになる新定番

めかじきのにんにくバターじょうゆ弁当

＼くせになる新定番／

めかじきのにんにくバターじょうゆ弁当

（育ちざかりの男子の特大弁当1個分）○カロリー／1428kcal　○塩分／3.5g

材料（P60の弁当1個分）

めかじきの切り身（大）……2切れ（約300g）
しし唐辛子……8本
片栗粉……大さじ1
にんにくのすりおろし……2かけ分
バター……大さじ2
しょうゆ……大さじ3
サラダ油……大さじ1
ゆで卵……1個

〈ナムル〉（作りやすい分量）
ほうれん草……1わ（約200g）
もやし……1袋（約200g）
〈A〉
にんにくのすりおろし…少々
白すりごま……大さじ2
しょうゆ、ごま油・各大さじ1
塩、こしょう……各少々

ご飯……1.5合分（約495g）

作り方

一　ナムルを作る。フライパンに湯を沸かし、もやしをさっとゆでて取り出す。続けてほうれん草をさっとゆでて、冷水にとる。水けを絞り、長さ3cmに切る。ボールにAを混ぜ、野菜を加え

水けは弁当の大敵

にんにくバターじょうゆだれは、多めに作っておくと便利。野菜炒めにも、さっと焼いた肉にも合う。すぐに味が決まります！

しっかり粉をまぶすと たれがよくからむ

かしゃかしゃ

図解式母ちゃん弁当

米1.5合

はみ出し5cm

重さ725g

てあえる。

二 フライパンにバター、にんにくを入れ、中火で熱する。香りが立ったらしょうゆを加え、混ぜながら1分ほど煮詰めてたれを作り、器に移す。フライパンはさっと洗う。

三 めかじきは水けをペーパータオルでよく拭き取る。ポリ袋に入れ、片栗粉を加える。空気を含ませるように袋を振ってまぶす。しし唐辛子を加えて同じようにまぶす。

四 フライパンにサラダ油を中火で熱し、めかじきを入れて焼く。焼き色がついたら裏返し、余分な汁けを拭き、しし唐辛子を加えていっしょに焼く。二のたれ大さじ2を加えて全体にからめる。

五 弁当箱にご飯を詰め、一、四、半分に切ったゆで卵を入れる。

このたれ、間違いない！

ゆで卵は2段重ね

《朝走る次男。後ろ姿に「フレーフレー」と踊る私》

成長とともに増えてきた「なんちゃってキン肉マン弁当」

「弁当に、あんまり揚げもの入れないで」

高校生になった次男が、ある日を境に突然、そんなことを言うようになりました。よくよく聞いてみると、どうやら自身の体づくりを考えてのこと。よし、それならば！　と始めたのが低糖質、高たんぱくの魚介中心のお弁当です。

めかじきに粉をまぶして焼いたら、バターじょうゆだれをからめて完成。魚でも肉でも、粉をまぶすなら絶対ポリ袋！　少ない量でまんべんなくまぶせるし、洗いものも減るからおすすめです。

焼き魚の場合、ものたりないって言われて、つい、肉野菜炒めとかを入れちゃうんですが、これなら大丈夫。にんにくがガツンときいたたれでご飯がすすむからか、肉なしでも満足している様子。このたれ、ぶりやささ身、帆立てやえびにもよく合います。そこにさらにゆで卵も入れれば、たんぱく質はバッチリ。名づけて「なんちゃってキン肉マン弁当」。

思い返せば、中学生のころの彼は、毎朝早起きして走ってましたっけ。5キロだったかなぁ……走ったあとに10階の自宅まで階段を駆け上がって帰ってくるというトレーニングをしていたんです。朝練もあるのに、その前に自主的にやってた（あのころがいちばんが

亜希の名（迷）言集

「自分で自分にしてあげる。してあげるって、けっこう他の人への矢印だったりするけれど、たまには自分にぶっとい矢印向けてみる。よって今朝は恩着せがましく　#してあげたぜ弁当」

んばっていたのかも）。

そんな姿を見れば、母ちゃん、寝てはいられない。いっしょに早起きして応援したくなる。少しでもエネルギーになるように、いい筋肉がつくようにと願いながら、お弁当を作ります。これくらいしかできないけれど、せめて体をつくる源である食事だけは。そんな応援のつもりでお弁当を作りつづけてきた。確実に、そう。

そもそも私は、がんばっている人を応援するのが好き。何かに真剣に打ち込んでいる人を見ると、あれこれ食べさせたくなってしまう。考えてみると恋愛でも友人でも、食べさせたい＝好きってことなんだなって。相手を大事に思う、私の中でのバロメーターな気がします。それが息子となれば、なおのこと。いっしょに5キロ走るなんてことは無理だけど、ごはんだったらいくらでも作れる。がんばる後ろ姿に、声援を送る（たまに踊りつきで）。結局、親ができるのってそういう単純なこと。もしかしたらどのおうちでもそう変わりがないのかもしれません。

応援っていう純粋な気持ちが、お弁当になる。思いが伝わればうれしいけれど、押しつけるのは違うから、いつか思い出してくれたらいいなぁ。

母ちゃんLOG

2022年4月15日

本日のお弁当 #基本真面目なんで私弁当 かじきのゆずこしょう焼きに＋肉野菜炒め！

2021年5月11日

本日は気づいたら三高……笑 高たんぱく、低カロリー！ ささ身、帆立て、卵。ネットで調べたら30年前にはやった言い回しだった。笑 高学歴、高収入、高身長……なつかしい

2021年5月6日

#チーム早起き の皆さま……今朝もご苦労さまです。私のGWは毎日お弁当作りの朝でした。変わらないってこと。変わらないのがありがたいってこと。本日は【筋肉ぷりぷり弁当】 さっ！ やれることやるよっ

お弁当作りがラクになるヒント❶

頼りにしている、格上げ調味料

頼れる調味料があれば、一発で味が決まって日々の弁当作り&料理がグッと時短に。さらに、いつもと違う味つけも楽しめてマンネリ防止にもなるんです。長年愛用の基本から新顔まで、どれも欠かせません！

時短でうまみがぎゅっと凝縮

塩こうじ
スパウトパック200g
540円／千年こうじや

鶏肉、鮭などの切り身魚を漬けて。夜、ポリ袋にいっしょに入れてかるくもんでおくだけ。翌朝は焼くだけでよし！　手軽に深みのある一品に。
https://www.sennen-koujiya.jp/

ないと不安になる料理の要

ろく助塩 白塩
顆粒タイプ150g
1080円／ろく助本舗

10年以上愛用する、定番。塩の中に昆布としいたけのうまみがギュッ！　おむすびや炒めもの、揚げものの仕上げにと、何にでもパラリ。
https://www.rokusuke-honpo.com/

これ一つで、味が決まる

とり野菜みそ
スパウトパック350g
648円／まつや

石川県のソウルフードの鍋用みそ。私は肉や魚を漬けたり、肉野菜炒めに加えていつもと違った味つけにしたりも。みそにいろいろなうまみが入っているので、一発で味が決まって便利。
https://www.toriyasaimiso.jp/

米みそと麦みそのいいとこどり

ORGANIC AWASE MISO
（有機あわせ味噌）345g
713円／トータル・ワークアウト

材料がすべて有機栽培なうえに、米みそと麦みその合わせでこくのある風味。豚汁はもちろん、シンプルにたたききゅうりやちぎりキャベツに添えても。
https://totalworkoutshop.com/

※価格はすべて編集部調べ（2024年2月現在）。価格、仕様は変更になることがあります。価格は、特に記載のない限り消費税込みの価格です。

こんちゃんマスタード135g
1490円／hale

くせになる酸味があって、これを食べたいがためにハンバーグや肉を焼くほど。ほかのマスタードに興味がなくなっちゃった。カレーに添えたり、野菜のグリルにかけたり、重宝中！
Instagram：@hale888

梅干し昆布200g
1620円／MiMAKi

これは昆布のだしがきいていて、おだやかな酸味がいい。粒が大きいのもうれしくて、いつもの日の丸弁当がちょっと豪華に見えます（笑）。
https://www.mimaki-ume.jp/

塩ぽんず360mℓ
702円／倉敷鉱泉

高知産のゆず果汁、徳島産のすだち果汁がたっぷり。ベースが塩味でやさしい味わいなのも、繰り返し使いやすいポイント。野菜の素揚げやハンバーグが、新鮮なおいしさに。
https://www.kurashikikousen.com/

にんにくえび塩30g
972円／あたらしい日常料理ふじわら

素揚げの干しえび、にんにく、ナッツを合わせたスパイス塩。このまま食べちゃうほどくせになる（笑）。野菜にかけるだけ、パスタにあえるだけで、おしゃれな料理に変わります！
https://nichijyoryori.com/

気仙沼完熟牡蠣のオイスターソース160g
1069円／石渡商店

大のかき好きの私も納得のソース。かきの風味がとにかく濃厚で、もうかきそのものってくらい。野菜炒めはもちろん、冷ややっこにかけても絶品です。
https://www.ishiwatashoten.co.jp/

LOVEPAKU SAUCE250g
1490円／ラブパク

いつものおかずにちょっと飽きて、味変したいときには断然このソース！　から揚げの下味に、スープに、えびにからめて焼いたりと便利です。息子たちも好きな味。
https://lovepakusauce.com/

三章

寒い季節の練習&試合&遠征のお供は、汁もの弁当。
暑苦しい母ちゃんの気持ちがそのまま伝わるあっつあつの助っ人です。

弁当だから、あさりはなし。
そのぶん、肉ときのこをしっかり炒めて
うまみを引き出します。
味つけは手軽な市販の素におまかせを。
これで白めしをほおばって、
寒さを吹き飛ばせ！

湯気が命。
ぐつぐつ スンドゥブチゲ弁当

途中でくずれるから、豆腐は切らない

味よ、しみ込め

チゲの素なら、味が決まる。辛いものが苦手なら、みりんと砂糖で調整を

しっかり煮込んでから、卵を落としてにらを。ジャーに入れる直前に火にかけて、ぐつぐつに熱くして

＼湯気が命。／

ぐつぐつ スンドゥブチゲ弁当

（スンドゥブチゲ⅕量で）○カロリー／310kcal　○塩分／2.0g

負けられない戦い。息を止め、あつあつを入れる！

あつあつキープに命を懸ける（笑）。ジャーは熱湯を入れて温めて。チゲができたら、息を止めてジャーに移し、即ふたを。時間との戦い、負けられません！自己満足でもいい！

材料（作りやすい分量）

豚こま切れ肉……………250g
豆腐（小）………3丁（約450g）
卵……………………………3個
しめじ………1パック（約100g）
ねぎ…………………………1本
白菜キムチ…………………150g
にら………………………½束
にんにくのすりおろし……小さじ1
市販のチゲの素……………大さじ3
白だし（5倍濃縮）………大さじ1
ごま油………………………大さじ2
ご飯…………2合分（約600g）

作り方

一 しめじは石づきを落とし、小房に分ける。ねぎは幅1cmの斜め切りにする。にらは長さ5cmに切る。

二 口径約22cmの鍋にごま油を入れて中火で熱し、豚肉を入れて炒める。にんにくの½量を加えてさっと炒めたら、しめじ、キムチを順に入れて炒める。

三 水1カップと白だし、豆腐、ねぎを順に加える。途中で汁を豆腐にかけながら5分ほど煮る。チゲの素を入れてさっと混ぜ、水½カップを加えてさらに煮込む。

四 火を止めて卵を割り入れ、にらを加えて、残りのにんにくをのせる。ふたをして10分ほど蒸らす。

五 ジャーに熱湯を入れて温める。弁当箱にご飯を詰める。四を再び中火にかけてあつあつにし、ジャーの熱湯を捨てて適宜入れる。

しょうがでポカポカ
濃厚ごま豆乳豚汁弁当

あえて具は大きめにして
「食べるおかず豚汁」に。
仕上げに入れる練りごまと豆乳がポイント。
ちょっとかす汁っぽいまろやかさが出て、
何杯でもいけちゃいます。

＼しょうがでポカポカ／

濃厚ごま豆乳豚汁弁当

(豚汁⅕量で)○カロリー／364kcal　○塩分／2.1g

味の決め手！
練りごま&豆乳

練りごまのこくと、豆乳のクリーミーさをプラス。おいしいうえに、あったまる気がして。いつもの豚汁の味変にもおすすめ！

材料（作りやすい分量）

- 豚こま切れ肉……250g
- ごぼう……1本
- 大根……10cm(約350g)
- にんじん……1本
- ねぎ……1本
- しょうがのみじん切り……1かけ分
- こんにゃく……1枚
- 油揚げ……2枚
- 豆乳(無調整)……½カップ
- 酒、白練りごま……各大さじ3
- みそ……大さじ4～5
- ごま油……大さじ2
- だし汁……6カップ
- 温かいご飯……1合分(約330g)
- 乾燥梅肉(なければゆかりなど)……適宜

作り方

一 こんにゃく、油揚げは食べやすい大きさに手でちぎる。ごぼうは皮を包丁の背でこそげ取り、幅8㎜の斜め切りにする。大根、にんじんは皮をむき、幅5㎜のいちょう切りにする。ねぎは幅2㎝の小口切りにする。

二 鍋にごま油を入れて中火で熱し、しょうがを加えて炒める。少し焦げ色がつくまで炒めたら、豚肉を加えてさらに炒める。豚肉の色が変わったら、ごぼう、こんにゃく、油揚げを順に入れて炒める。

三 ごぼうにしっかり油が回ったら、大根、にんじん、ねぎを加えて、全体を混ぜる。ふたをして弱火にして3～5分蒸す(途中で様子をみながら混ぜる)。

四 だし汁、酒を加えてさっと混ぜ、再びふたをして中火で10分ほど煮る。

五 火を止めてみそを入れて溶かし、練りごま、豆乳を加えて全体を混ぜ合わせる。弱火で3分ほど煮る。

六 ジャーに熱湯を入れて温める。ご飯に梅を混ぜ、おむすびにする。ジャーの熱湯を捨て、五を適宜入れる。

こんにゃくと
油揚げは
切らずに
手ちぎり

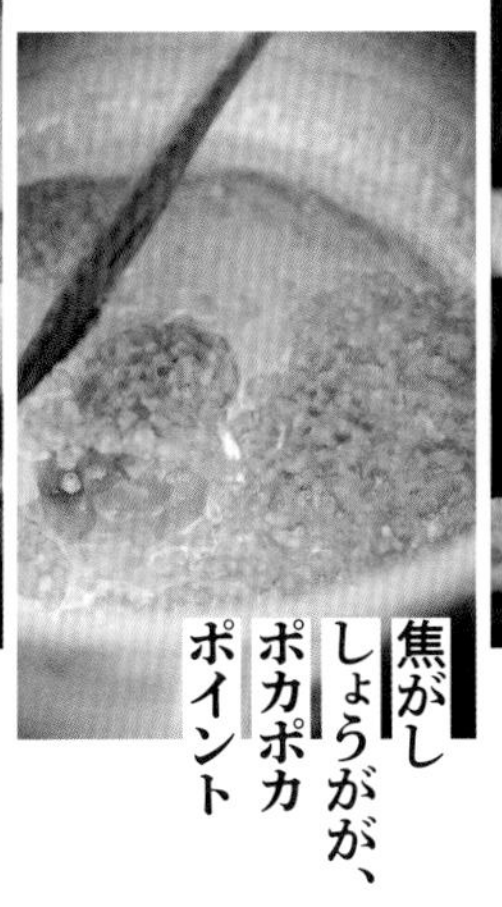
焦がし
しょうがが、
ポカポカ
ポイント

大きい肉も
そのまま！
食べる汁もの
だからね

蒸すと
素材の味が
ギュッと
濃くなります

火加減は、
するどくチェック！

ふんわり、
おむすび

混ぜご飯なら、
炊き込みより手軽
乾燥梅肉が
お気に入り

《少年野球から甲子園、その先へ》

だれかのための自己満足って、最強だ

息子たち2人が小学生のころは、毎週末が少年野球。練習もあれば、試合もあるし、遠征だってある。よって、週末のお昼はすべてお弁当。大事な試合のときは験担ぎでソースカツ（P16）を作ったり、がんばった日はすき焼き（P98）の牛肉を多めにしたり。当時のわが家は、打ったら肉、勝ったら肉。彼らにとってはチキンステーキじゃなく、牛肉がご褒美！　あえて牛だけの粗びきでハンバーグを作ったりもしていました。

そして、寒い冬になると登場するのが、汁もの弁当。とにかく体を温めてパワーを出してほしい。活躍できたらうれしいけれど、できなくっても精いっぱい力を発揮できるように。あつあつで食べられるよう、保温ジャーを熱湯で温めておくのはもちろん、持ち運ぶときだって万全の態勢で挑みます。息つく間もなくふたをしたら、しっかりあったかくなったカイロを添えて、タオルでぐるぐる巻きに。さらにクーラーボックスに入れて保温完了。果たしてどれほ

わが家の歴代保温ジャー

冬の外での練習は、とにかく寒さとの戦い。保温ジャーには、ずいぶん助けてもらいました。寒い季節の戦友ですね。

亜希の名（迷）言集　「おはよう　いただきます　ごちそうさまでした　行ってきます　まだまだあるけど　朝の命の言葉　これさえ言えれば朝は満点」

自己満足的な「知恵&愛」であつあつキープ?

保温ジャーは、外側からもあったためて持っていきます。効果より、気持ちが大事!

どの効果があるのかわからないけれど、やれることは全部やる！自己満足です。

練習や試合には私も帯同しているので、息子たちがお昼を食べるときにはガン見です。ふたを開けた瞬間、もわーっと湯気が上がっているのが目に入ると「よっしゃ！」と思わずガッツポーズ。勝ち誇った気持ちになるんです。もはや何と戦っているのかわかりませんが（笑）。今日もあつあつで食べてもらえたぞ、と。

一方、帯同する私の分は保存容器にご飯をばっと詰めて、おかかをどさっとのせて梅干しを入れるだけで完了ってことが多かった。おかか弁当（P132）の卵焼きがないバージョン、ご飯部分だけですね。おかずなしでも充分。母親ってそんなもの。だれかのためだから作れるお弁当というものがあるんです。

ちなみに、使ったカイロは帰ってからもまだあったかいから、息子のベッドにそっとしのばせておくまでがセット。がんばった分、ぐっすり眠ってね、と。これも自己満足です。気づいていたのかわかりませんけど、いつか思い出してくれるかな。母ちゃんあっためてくれてたなぁって。

そんなふうに勝手に愛やら知恵やらどっさり詰めたお弁当を作り

2013年7月31日

泥んこになりながら。子どもたちの必死な姿は、無条件にかわいいものです。

2014年11月17日

少年野球で長男のチームが優勝。思いっきりがんばった日はステーキでお祝い！　この日も食べたなぁ〜。分厚めのあれ！笑

2023年8月23日

甲子園のアルプススタンド・決勝戦。偶然にも長男と共に同じ場所で応援！真っ黒に焼けました。

ながら、これで不良になったらタダじゃおかないぞって思ってたりもしたけれど、ありがたいことに昨夏、次男が甲子園に連れていってくれました。

すごかった。正直、夏の甲子園は大変だった。アルプススタンドでの応援は日ざしを遮るものが皆無。もう覚悟決めて、タオルをぐるぐる巻きつけて、キャップかぶって。かち割り氷を買い込んで、わきとか太ももとかにはさんで。氷はすぐ溶けちゃうけど、くーって飲んで水分補給して、また新しい氷買って。そのうち、暑さにも声のトーンにも麻痺しておかしくなってました。まわりもそう。汗を拭いたティッシュのカスだらけの人もいたし、ガラガラ声になっても叫んでる人ばっかりだったし。きれいな姿で応援できてる人なんて一切なし。その熱さが最高で、アルプススタンドで応援してよかったなってしみじみ思ったりして。ここまでくるのにいろんなことを乗り越えてきて、いいことだけじゃなくて悔しい思いもしたから。それは、対戦した相手はもちろん、甲子園をめざしたすべてのチームに言えること。

勝ち進むにつれて、予定の調整がむずかしくなって日帰りのこともあったけれど、なんとか全試合に足を運べました。中2日あいて試合というときにふるさとの福井まで行けたのもよかった。母のお墓参りに行き、どうぞお願いしますと頼むことができました。

夏の甲子園は、やっぱり特別。私は日焼けで真っ黒になって、しばらく黒いままだったし（なんなら今でも）、声もかれたままだったけど、行けてよかった。家族みんなで見守って、応援できてよかった。今、心からそう思っています。

2015年1月11日

気持ちのいい朝です。今日は、あつあつのコーヒー持参でお茶当番！

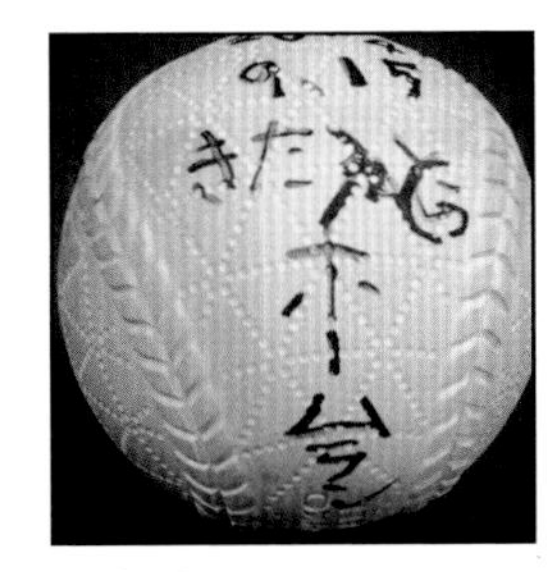

2014年9月15日

渾身の一撃……ひらがながうまく書けなくても今日は許す。笑 笑顔をありがとう。またお母さんはがんばります。(^^)

2023年8月24日

家族ひとりひとりにメダルをかけてくれました。
たくさんの人の支えがあってこそ。改めておめでとう。

2014年12月21日

少年野球も今日が年内最終日！　恒例の親子大会 #3番サード#怖かった#空振り三振#子どもには大きな口たたけない#とほほ#がんばります

2023年8月24日

優勝メダルを手に、お決まりの。笑

2017年5月1日

次男の誕生日の日。
長男からのおんぶのプレゼント。
実はこの写真、1番好きなのです。

四章

水曜日だヨ！全員集合！

週の中日は冷蔵庫一掃デー。半端肉や野菜をぶちこめば、ボリュームたっぷり、冷蔵庫すっきりで一石二鳥！　手間も時間もかからないから三鳥か!?

「いただきまーす」

とにかく考えず、
味つけは優秀調味料に頼る。
むしろそのほうが、余った肉も
半端野菜もまとまります。
めんつゆ一本勝負で、
今日も勝つ！（何に……）

考えずに作れる！

焦がしじょうゆの焼きうどん弁当

うどん山盛り

半端野菜も
肉も、
全員集合

うどん3玉、入りました!

＼考えずに作れる！／

焦がしじょうゆの焼きうどん弁当

（育ちざかりの男子の特大弁当1個分）○カロリー／1705kcal　○塩分／9.3g

材料（P81の弁当1個分）

- ゆでうどん……3玉（約600g）※
- 豚こま切れ肉……180g
- ベーコン（ハーフサイズ）……4枚
- 冷蔵庫の残り野菜（キャベツの葉、玉ねぎ、なす、きのこなど）……合計600g
- めんつゆ（5倍濃縮、左記参照）……大さじ4と½（2倍濃縮の場合は味をみて倍量に）
- 削り節……1パック（約5g）
- 七味唐辛子……適宜
- ごま油……大さじ2

※冷凍うどんの場合は、電子レンジで5分ほど加熱する。

作り方

一　残り野菜はすべて食べやすく切る。ベーコンは幅2cmに切る。

二　フライパンにごま油を中火で熱し、豚肉と堅い野菜を入れてさっと炒める。肉の色が変わったら、残りの野菜とベーコンを加えて1分ほど炒める。ふたをして2分ほど蒸し焼きにする。野菜のかさが減ったら、うどんをのせる。

三　全体をよく炒め合わせ、具とうどんがからんだら、めんつゆを鍋肌から回し入れて1分ほど炒める。弁当箱に詰め、削り節と七味をふる。

味つけは〈味どうらくの里〉だけ

秋田の友人に教えてもらって、18年近くこれひと筋。かつおだしがきいて風味豊か。台所に1.8ℓの巨大ボトルを常備。白だしも愛用！

自家製にんにくじょうゆ

味つけに自家製にんにくじょうゆを使うことも。空きびんに皮をむいたにんにくを入れてしょうゆを注ぎ、1週間おくだけ。

今回はそんなに
はみ出て
ないから…
←

なんと、卵白6個分！ホワイトオムレツ弁当

筋トレの強い味方、卵白をたっぷりと。
小鍋をうまく使えば、
特大オムレツもまとまりよく焼き上がります。
しっかり食べて、思う存分、トレーニングしておいで！

お！イケる？

閉まっちゃいました♡

ふたが閉まれば、体も締まる！

大きなオムレツは、鍋を使う

くったりした葉野菜もきのこも、総動員！

卵白6個分

炒めた残りもの、全部入れて

＼なんと、卵白６個分！／

ホワイトオムレツ弁当

（育ちざかりの男子の特大弁当1個分）○カロリー／959kcal　○塩分／3.0g

材料（P84の弁当1個分）

- 卵白……6個分
- 卵黄……2個分

〈冷蔵庫の残り野菜〉

- ゆでたブロッコリー……3〜4房
- ほうれん草……1/2わ
- 玉ねぎのみじん切り……1/4個分
- しめじ……1/4パック
- エリンギ……1/2本

- ゆでた鶏ささ身……2本
- ロースハム……2枚
- 白だし（5倍濃縮）……大さじ1/2
- こんにゃく米と白米を半々で混ぜて炊いたご飯…1合分（約330g）
- あればきゅうりの漬けもの、辛子明太子……各適宜
- サラダ油……大さじ1/2
- ごま油……大さじ1

はみ出し1.5cm

重さ840g

図解式母ちゃん弁当

巻くのはむずかしいから、半分に折るだけ！

残った卵黄がごちそうに！

清潔な密閉容器にみそを入れてくぼませたらそっと卵黄をのせて。3日ほど冷蔵すると濃厚な味に。早めに食べきるようにしてくださいね！

作り方

一 ブロッコリー、ほうれん草は食べやすい大きさに切る。しめじは石づきを切り、エリンギとともに横に幅1㎝に切る。ハムは1㎝四方に切る。ささ身は食べやすく裂く。

二 フライパンにサラダ油を中火で熱し、一と玉ねぎを入れて1〜2分炒める。

三 ボールに卵白と卵黄を入れ、よく混ぜ合わせたら、二と白だしを加えてさらに混ぜる。

四 小鍋（口径約18㎝のもの）にごま油を入れて強めの中火にかけ、三を入れて菜箸で大きく混ぜながら焼く。半熟状になったら強めの弱火にし、そのまま1分ほど焼く。ほんのりと焼き色がついたら、鍋を手前に傾けながら半分に折る。そのまま1分ほど焼く。

五 ペーパータオルに取り出し、出てきた水分をしっかり吸わせ、形を整える。弁当箱に詰めてご飯を入れ、あればきゅうりや明太子※をのせる。

※明太子はご飯が完全にさめてからのせて。弁当箱は保冷剤とともに保冷バッグに入れ、明太子がいたまないように充分ご注意を。暖かい日は避けましょう。

《わが家は野球でつながってる》

元夫から息子へ。アスリートの体づくり

週の真ん中・水曜日には、ざっと冷蔵庫を見回す習慣があります。半端に余っている野菜や作り置きを一掃するメニューを考えるのが好き。

焼きうどんなら、潔くめんつゆ一本で味つけすると、たいていの肉も野菜もまとまる。ごま油を使えば香りもいいし、麺もくっつきにくい。仕上げに削り節と七味をぱらり。

ホワイトオムレツも、冷蔵庫一掃メニューとして野菜をどっさり、豪快に作ります。卵白をたっぷり使うのは、わが家の伝統的なアスリートメニュー。

思えば清原さんのために、いやっていうほど卵白を使った料理を作っていました。たんぱく質をとりたいけれど、コレステロールが気になるというときには、卵白は強い味方。

結婚して彼のお義母(かあ)さんに言われたのは「食べ物だけはいいものを選んでほしい」ということ。食べ物が体をつくり、結果としてパフォーマンスにつながるから、と。「いいもの」は決して高いものというわけじゃなく、体にいいもの。だから、自分の中では昔も今もうまくこだわってやってるぞという自負がある。なんでもいいと思って買い物はしていない。結婚当初から今も変わらず私の中にあ

亜希の名(迷)言集

「なんでもいい、一つ決めたことをこなすと小さな自信に変わる。
また、できた！　また、やれた！　見えない小さなそれが厚みとなって、心臓に毛が生える。笑」

り、実践しつづけていることです。

「アスリートを支えた」なんて自分で言っちゃうのもおこがましいけれど、それでもやっぱり、プロとして活躍する人のことを考えて日々の料理を作っていたから、それなりに知識は身についたんだろうと思います。結果につなげなくてはいけないという状況は、私を強くしてくれた。それは確実。

息子たちが早起きして走っていたり、筋トレをがんばっていたり、体のことを気づかうようになったり。それは母ちゃん、張り切ります。毎日のごはんもお弁当も、体づくりのためにできることはなんでもやろうと台所に立つ。がんばる人の姿が、私の料理のモチベーションなのは、今も昔も変わらない。

体づくりで思い出すのは、6年ほど前にアスリートフードマイスターの資格をとったときのこと。講義や試験会場にいた人たちはみんな、だれかを支えたいって人ばかりでした。まわりを見渡しながら、だれかのために料理したいと考えている人がこんなにもいるのか！　と感動して。

食を通して人を支えるって、とっても偉大だと感じました。だって、やっぱりアスリートのためのごはんって、作るほうもパワーがいる。自分の料理で体がつくられて、それがパフォーマンスにつながることもある。私の場合、その状況がモチベーションになってやる気が出る。力がわいてくれれば一日が気持ちよくスタートできて、結果、自分のためにもなっているんだからありがたいこと。

息子たちのために、いわゆる「アスリートめし」を作るようになって、しみじみ感じているところです。元夫のためにやっていたことが土台となって、息子たちのためのごはんが作れているんだなぁ、と。あのころにベースをつくらなかったら、今できていなかったかもしれません。

なんてことを思いつつ、長男は大学の寮に入って私のごはんを食べなくなっているわけですが。それでも成長しつづけている。それはそれでちょっと複雑で、ジェラシーわいたりして（笑）。

でも、いつまでも私の腕の中にいるなんてことはありえない。こうやって親離れ、子離れしていくんだなぁと実感しています。

最近のブームは、こんにゃく米

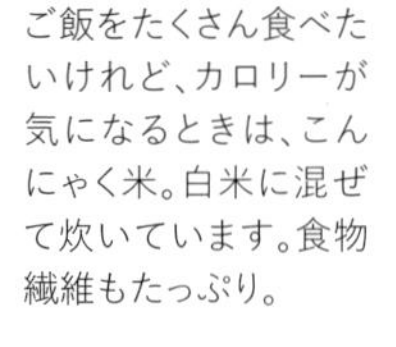

ご飯をたくさん食べたいけれど、カロリーが気になるときは、こんにゃく米。白米に混ぜて炊いています。食物繊維もたっぷり。

亜希の名(迷)言集

「年始に思う、弁当作りの極意
ほどよく手を抜き、【作り手の勝手な想い】という市販されてない調味料をたくさん入れて作る。それだけ！笑」

お弁当作りがラクになるヒント❷

小回りのきく調理道具を味方に。

あわただしい朝のお弁当作り。大量に調理するわけではないし、あれこれ道具を出しているひまはなし。となると、選抜メンバーは必然的にコンパクトで出し入れしやすいものに。この相棒たちがいるから、気持ちよくスムーズに作れています。

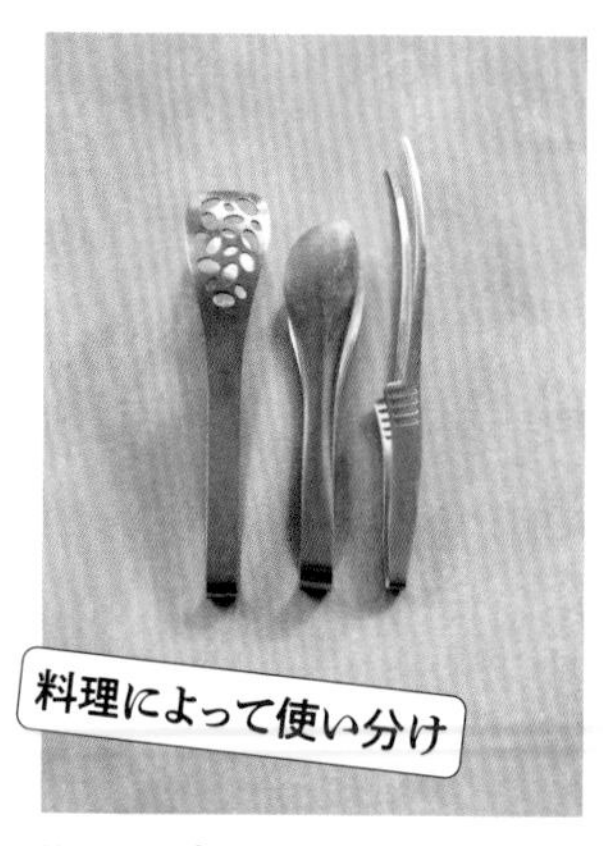

料理によって使い分け

WMFの穴あきトング／柳宗理のトング／焼き肉用トング

いつの間にか増えているトング。それだけ使うってことなんでしょうね。左の2つはきんぴらや野菜の素揚げなどをガバッとつかめて便利。右は焼き肉用で先が細いから、ソテーにぴったり。

OXOおろしがね※／GEFUスライサー※／かっぱ橋で買った皮むき器

どれも、野菜の下ごしらえには欠かせません。しょうがのすりおろしやきゅうりのスライス、にんじんの皮むきなど、これらがあるだけでスピードが全然違う！

コストコの厚手のペーパータオル

お弁当に大敵の汁けは、とにかくこれで取りまくるべし！　厚手タイプなので、あつあつのハンバーグやオムレツをのせておいても汁けをしっかり吸い取ってくれるし、洗った野菜の水けを拭くのにも。ないと困っちゃう道具です。

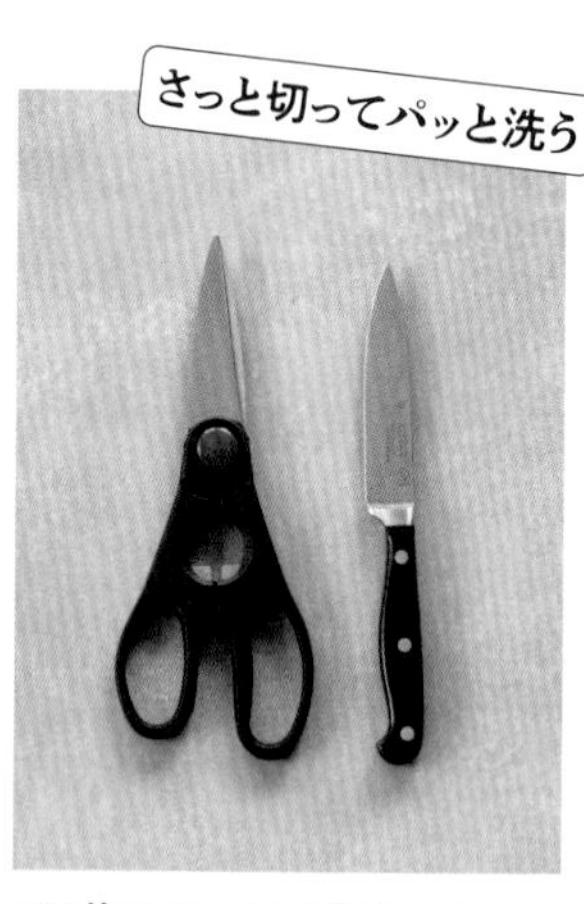

さっと切ってパッと洗う

100均のキッチンばさみ／WMFの小さな包丁

忙しい朝は、野菜も肉もキッチンばさみでチョキチョキ。5年ほど愛用しているのは100均のもの（笑）。洗いものが少なくなるのでありがたい！包丁は、ペティナイフサイズだと使うのも洗うのも、手軽。

※すべて私物のため、一部販売終了品があります。

バットと揚げ網

仕上がった弁当のおかずをバットに並べておくのが大好き。ひとまずここに勢ぞろいさせておけば、どれをどの順で弁当箱に詰めていくか、組み立てやすくてスムーズなんです。

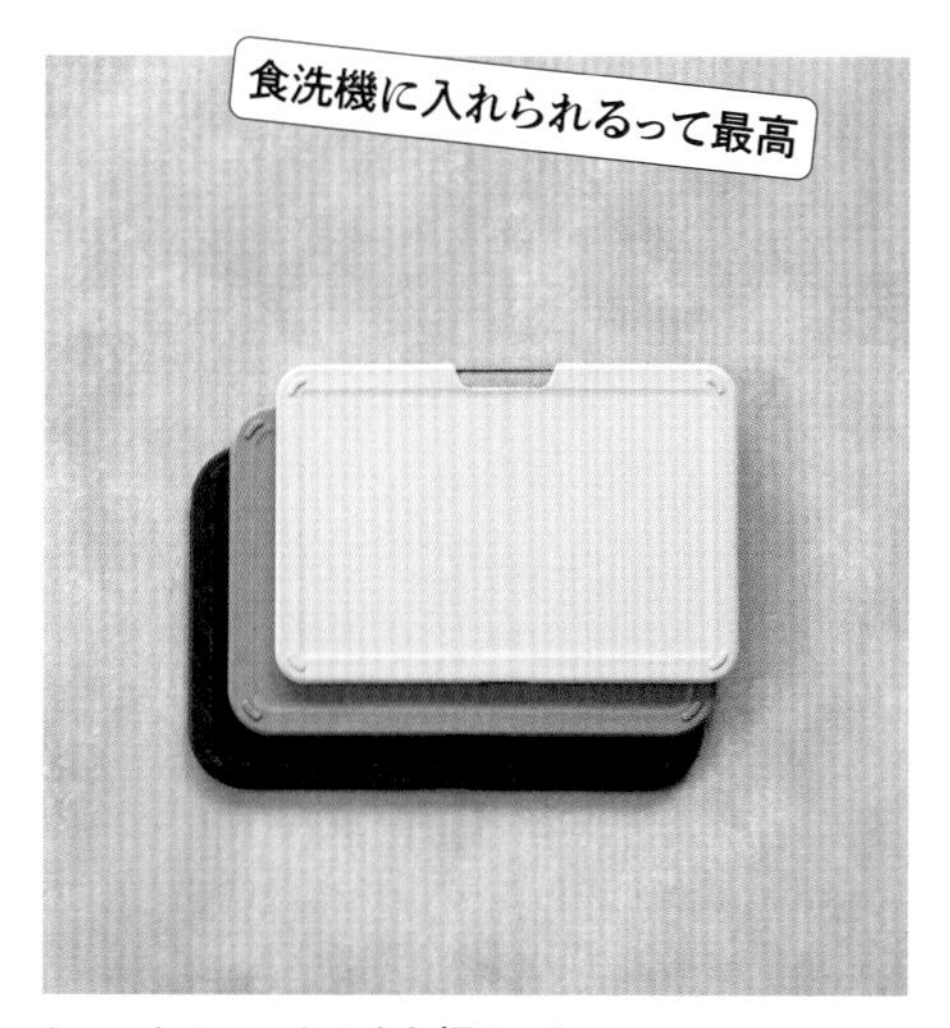

Joseph Josephのまな板セット

昔は木のまな板がかっこいいと思っていたけど変わりました。食洗機に入れられるって本当にラクちんだし、なにより衛生的で安心。肉魚用、野菜用と、色で使い分けていたつもりが、バタつく朝はつい適当に(笑)。

釜浅商店のステンレス深型組バット

みじん切りのねぎや薄切り玉ねぎなんかをこれに入れておくと気分がぐんっと上がります。ステンレスだからにおいもつきにくいし、手入れも簡単。さらに冷蔵庫の中もスッキリ!

釜浅商店の鉄打出しフライパン

直径26cmくらいで深さがあるタイプなら、炒めものも揚げ焼きもできて頼もしい存在。さらに、鉄製だと焼き色もしっかりついて、カリッとおいしそうに仕上がります。

木工房ひのかわの調理べら

この絶妙なカーブが鍋肌にしっかりフィット。炒飯の米粒も炒めものの野菜も、しっかりすくいとって混ぜ合わせられます。手の延長のように使えて便利。

五章

野菜だけでも、ふた閉まらず?

息子たちの体づくりのため、野菜をぐっと増量。

とはいえ、満足度が下がってはならぬと、肉もしっかり入れて食べごたえを出すのが私流。

野菜山盛り！
タコライス弁当

前日にタコミートさえ作っておけば、朝は野菜を切ってご飯にのせるだけ。バタバタの朝にもってこいの手軽さです。私のランチにも登場する、自信作！

はみ出し 2.0cm

図解式母ちゃん弁当

米2合半!

重さ 1222g

野菜山盛り!

タコライス弁当

(育ちざかりの男子の特大弁当1個分)○カロリー/2261kcal　○塩分/5.6g

材料(P94の弁当1個分)

ご飯……2と½合分(約825g)

〈タコミート〉
- 合いびき肉……500g
- 市販のタコミートの素(P97参照)……1袋

オリーブオイル……小さじ1
ミニトマト(堅めのもの)……5個
きゅうり……2本
アボカド……1個
サニーレタスの葉……2枚

〈ごま甘酢だれ〉
- にんにくのすりおろし…小さじ⅓
- 白すりごま……大さじ1
- 市販のすし酢……大さじ2
- 市販のだししょうゆ……大さじ3

市販のチリソース、パルミジャーノ・レッジャーノ(削ったもの)……各適宜
粗びき黒こしょう……少々

作り方

一 フライパンにオリーブオイルを中火で熱し、ひき肉を入れて3分ほど炒める。色が変わったら、タコミートの素を加えて混ぜ、1分ほど炒める。ペーパータオルを敷いたバットに取り出し、粗熱を取る。

二 きゅうりはピーラーで皮をしま目にむく。両端を切り、縦半分に切る。スプーンで種を除き、一口大の乱切りにする。トマトはへたを取って縦半分に切る。アボカドは縦に切り込みを入れて2つに割り、種を除いて身をくりぬき、1.5cm角に切る。レタスは一口大にちぎる。甘酢だれの材料を混ぜる。

三 弁当箱にご飯を詰める。タコミートをたっぷりとのせ、レタス、アボカド、きゅうり、トマトをのせる。タコミート適宜をさらにのせ、チリソース、甘酢だれをかける。パルミジャーノをのせ、粗びき黒こしょうをふる。

スパイスミックスで手軽に

タコミートの味つけは、カルディで買えるスパイスミックスが便利！　お弁当用のしっかり味にしたいから、あえて水は加えず、炒めるだけに。

こくのあるタコミートができる！

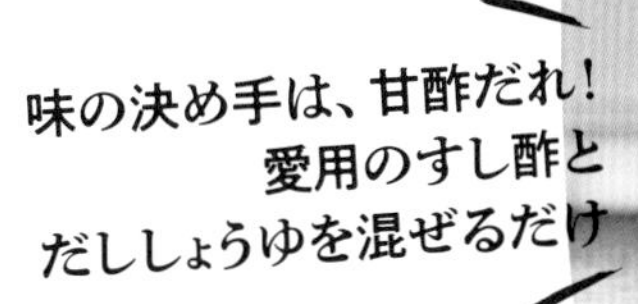

味の決め手は、甘酢だれ！
愛用のすし酢と
だししょうゆを混ぜるだけ

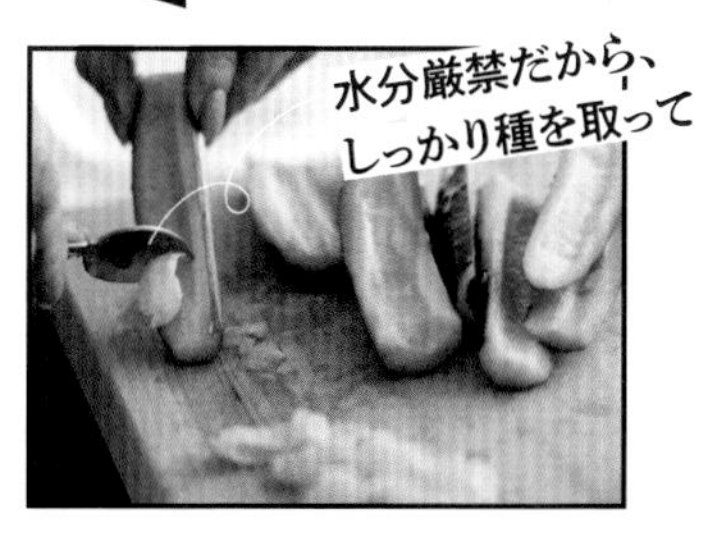

水分厳禁だから、
しっかり種を取って

ご飯も山盛り

ねぎだくすぎるにもほどがある

すき焼き弁当

大好きな新玉の時期には、
がぜん肉より新玉が主役。
とろとろの甘〜いねぎに、
濃いめの甘辛味が
しっかりしみたのがたまらない！
半熟ゆで卵を添えてもよし。

＼ねぎだくすぎるにもほどがある／

すき焼き弁当

（育ちざかりの男子の特大弁当1個分）○カロリー／1155kcal　○塩分／8.2g

材料（P98の弁当2個分）

ねぎ……2本
新玉ねぎ（または玉ねぎ）……2〜3個（約600g）
牛肩ロース薄切り肉（すき焼き用）……180g

〈自家製割りした〉（作りやすい分量）

しょうゆ、みりん……各2/3カップ
めんつゆ（5倍濃縮）……1/4カップ
酒……75mℓ
黒砂糖（なければ砂糖）……25g
あればはちみつ……大さじ1/2

結びしらたき……4個
ご飯……1合分（約330g）×2
紅しょうが……適宜
ごま油……小さじ2

自家製割りした

たっぷり作って常備。あとで水分調整できるよう、あえて濃いめに。肉豆腐の味つけにしたり、にんにくやしょうがをたしても。

野菜と肉の比率、おかしいよね

割りしたをジャッ！

うわー、もうおいしそう

図解式母ちゃん弁当

はみ出し2.5㎝

米1合

重さ999g

作り方

一 新玉ねぎは縦半分に切り、幅1㎝のくし形切りにする。ねぎは幅1・5㎝の斜め切りにする。割りしたの材料を混ぜる。

二 フライパンにごま油小さじ1を中火で熱し、牛肉を入れてほぐす。色が変わったら、割りした大さじ2を加えてさっと炒め、いったん取り出す。ごま油小さじ1をたし、玉ねぎとねぎを入れる。水大さじ3を加えてふたをし、5分ほど蒸し焼きにする。ふたを取り、しんなりとするまで2分ほど炒める。

三 玉ねぎとねぎのかさが⅔量くらいになったら、しらたきを加え、牛肉を戻し入れる。割りした1カップを加えてさらに5分ほど煮る。弁当箱にご飯を詰め、すき焼きをのせる。紅しょうがを添える。

※割りしたの保存の目安：保存容器に入れ、冷蔵で1週間ほど。

くたくたになったのが、たまんない

＼どさっ／

たっぷり食べてもヘルシー
もりもりサラダ弁当
emulsion dressing
イラストはイメージです。

自分が食べたいお弁当の上位に食い込みます。
野菜どっさりのうえ、皮パリの鶏肉と
カリカリベーコンで食べごたえもバッチリ。
ドレッシングは市販品をそのままどん!

＼たっぷり食べてもヘルシー／

もりもりサラダ弁当

（育ちざかりの男子の特大弁当1個分）○カロリー／1309kcal　○塩分／5.1g

材料（P102の弁当2個分）

好みの野菜（サラダ菜、ルッコラ、ケール、ゆでたブロッコリーやカリフラワー、アボカドなど）……適宜
鶏もも肉……1枚
ベーコン……2枚
ちりめんじゃこ……30g
〈黒豆おこわ〉（大きなおむすび8個分）
もち米……2合（360㎖）
米……1合（180㎖）
市販の黒豆の甘煮……1パック（約135g）
ちりめんじゃこ……40g
塩……ふたつまみ
好みのドレッシング……適宜

作り方

一 もち米と米は合わせてとぎ、水けをきってから炊飯器の内がまに入れる。黒豆とじゃこを上にのせて塩をふり、水500㎖を入れて普通に炊く。炊き上がったらさっくりと全体を混ぜ合わせる。

二 フライパンを中火で熱し、ベーコンを入れてカリッとするまで返しながら焼く。取り出したらフライパンをさっと拭き、鶏肉を皮目を下にして入れる。途中、出てくる脂をペーパータオルで吸い取りながら、皮がパリッとするまで焼く。裏返し、同じように脂を吸い取りながらきつね色になるまで焼く。

三 野菜は食べやすい大きさに切る。二の鶏肉とベーコンがさめたら、食べやすい大きさに切る。

四 ホーロー容器に三をバランスよく詰め、全体にじゃこをふる。一のご飯でおむすびを作り、お弁当に適宜添える。サラダ弁当を食べるときに好みのドレッシングをかける。

図解式母ちゃん弁当

重さ857g

はみ出し2㎝

野菜はたっぷり！
じゃこで
食感をプラス
カリッと焼いたら、
脂を吸い取って
鶏肉は皮パリに！
脂はペーパータオルで
吸い取るべし
黒豆煮を混ぜた、
甘じょっぱおこわ
おこわおむすびで、ボリュームアップ！

《野菜の量=成長の証し!?》

甲子園から帰ってきてまず、リクエストされた味

次男は高校生になってから、自分の体のことを考えるように。野菜も積極的にとるようになり、私もそれにこたえるお弁当を作っています。

彼は特に野菜たっぷりのタコライスがお気に入り。昨夏、甲子園から帰ってきてまず何を食べたいかきいたら「タコライス」と言うほど。試合中はずっとホテル生活で、案外こういう味がなかったのかもしれません。仕上げにかけるすし酢とだししょうゆを混ぜるだけの甘酢だれが、妙にくせになる一品なので、気持ちはわからなくもない。タコミートにほどよい酸味が加わって白めしがすすむ味になるんです。どこかしら和の要素を入れてしまうのは、私のこだわり。

ちなみに、決勝の日は長男の21歳の誕生日でした。「誕生日に優勝してくれてありがとう」と言われて「これからもよろしく」と返したらしい。家族にとって特別な出来事になりました。タコライスを作るたびに思い出すかも。帰ってきて久しぶりに会ったものの、やっぱり親子でよそいきの会話をすることはなく。「お腹すいてる?」

サラダ弁当、三種の神器

一、ホーロー容器

少しでも冷たさをキープしたいので、保冷性の高いホーロー容器を活用。出かける直前まで冷蔵庫に入れておくようにしています。

二、保冷バッグ&保冷剤

ここは、おしゃれさは不要で機能重視。ホーロー容器が入る保冷バッグに、保冷剤といっしょに入れて持たせています。

と聞きながら、ここからまた日常がスタートするんだと思いました。

思い返せば、甲子園期間の私はというと、料理らしい料理をほとんどせず。野菜をグリルで焼くだけとか、大根おろし丼とか、ひたすら自分が食べたいものを自分のためだけに作るのみ。そんなこと、自分史上初。彼が帰ってきてあらためて、アスリート男子に料理を作るってパワーがいるんだと実感しました。これはいつか来る、一人暮らしの予行練習でもあったのかも。

小さなころは、残さず食べてくれるように好きなものを詰めたり、逆に、小学生のころは、苦手なピーマンをあえてお弁当に入れたこともありました（夕飯で出すよりも残さずに食べてくれたんです）。それが自分で自分の体のことを考えるようになるとは。感慨深い。好き嫌いしてたのに、こういうものを食べるまで成長したんだなぁと実感するのが、野菜たっぷり弁当。何度も言うけど、感慨深い。

母ちゃんLOG

2023年8月23日

おはようございます。このたびはたくさんのかたから心あるメッセージをいただき本当にありがとうございました。すぐにはふさわしい言葉が見つからず、何を伝えようとしても薄っぺらい自分がいました。次男が帰ってきてから何か見つかるかなぁと思っていたけれど、現実です。笑　ごはん、洗濯、掃除、片づけ……こんなに料理しなかった月はないと再確認したのは、冷蔵庫の中の納豆、キムチ、卵、すべて賞味期限切れてました。笑　いっときの夢から覚めて、日々を繰り返すことの大切さをあらためて教えられた気がします。笑　#甲子園#感謝#2023823

三、市販のドレッシング

手間をかけないことが目的でしたが、よく考えれば、何もかけずに持っていけば野菜から水分が出にくいので、さらに安心。

保冷バッグにまとめて入れたら、輪ゴムで留めるだけ！

お弁当作りがラクになるヒント❸

あるとないとでは大違い！「わざわざ」をやっておく

息子2人のお弁当を作っていたころ、冷凍庫は作り置きおかずでぎゅうぎゅうでした。ころもまでつけたカツやフライ、あとは焼くだけのハンバーグや餃子など。でも長男が大学の寮に入り、次男とふたり暮らしになって、だいぶスッキリしてきました。

代わりにやっておくのが下ごしらえ。玉ねぎスライスや、きゅうりの塩もみ、ゆで豚こまなどを作っておきます。お弁当作りで「朝、わざわざやるのもなぁ」と思うこと。これがあるとないとでは大違い。しっかり水けをきっておけばシャキッと感が続くし、意外とあしの早い豚肉は余分な脂や臭みが落ちて日もちする。アレンジできるからふだんのおかずにも使えるし、なにより気持ちがめちゃくちゃラクになる！そんな「わざわざ」をあえてやっておくのが、今のわが家のスタイルです。

玉ねぎの薄切りストック

（全量で198kcal　塩分0・0g）

材料（作りやすい分量）と作り方

玉ねぎ3個（約600g）は、縦に薄切りにする。5分ほど水にさらし、水けをしっかりときる。

※保存の目安：密閉できる保存容器に入れ、冷蔵で4日。

きゅうりの塩もみ

（全量で52kcal　塩分1・8g）

材料（作りやすい分量）と作り方

きゅうり4本はスライサーで薄い輪切りにする。ボールに入れて塩小さじ1を加え、全体になじませる。そのまま5～10分おき、しんなりしたら両手でしっかりと水けを絞る。

※保存の目安：密閉できる保存容器に入れ、冷蔵で3日。

ゆで豚こま

（全量で984kcal　塩分0・7g）

材料（作りやすい分量）と作り方

鍋に湯3カップを沸かし、塩小さじ½を加える。弱めの中火にして、豚肉500gを2～3回に分けて入れる。ときどき混ぜながら肉の色が完全に変わるまで2分ほどゆでる。ざるに上げて水けをしっかりときる。

※保存の目安：密閉できる保存容器に入れ、冷蔵で2日。

あるとないとでは大違い！
「わざわざ」をやっておく。
わざわざ切った
玉ねぎの薄切りストックで
大人のシンプルポテサラ

わざわざもんだ
きゅうりの塩もみで
パリパリきゅうりとたこの混ぜご飯

＼今はむしろ玉ねぎだけを混ぜるのがいい／

大人のシンプルポテサラ

（全量で）〇カロリー／493kcal　〇塩分／2.9g

材料（作りやすい分量）

じゃがいも……5個（約560g）
玉ねぎの薄切りストック（P109参照）……100g
〈A〉
マヨネーズ……大さじ2
塩……小さじ½
酢（あれば米酢）……小さじ1
粗びき黒こしょう……少々

作り方

一 じゃがいもは皮をむき、半分に切る。鍋に入れて水をひたひたまで注ぎ、中火にかける。煮立ったら弱めの中火にし、15分ほどゆでる。じゃがいもに竹串がすーっと通ったら、ざるに上げ、ボールに入れてマッシャーでつぶす。

二 じゃがいもの粗熱が取れたら、玉ねぎの薄切りストックを加えてさっと混ぜる。Aを加えて混ぜる。

こんなふうに食べても
・あつあつご飯におかかとのせてオニスラ丼に
・冷ややっこや、カルパッチョにどっさりのせて
・スープやみそ汁の具にちょいたし

＼これを食べたいからストックするくらいお気に入り／

パリパリきゅうりとたこの混ぜご飯

（1人分）〇カロリー／352kcal　〇塩分／2.1g

材料（4人分）

温かいご飯……2合分（約600g）
市販のすし酢（P97参照）……大さじ4～6
ゆでたこの足……1本（約150g）
きゅうりの塩もみ（P109参照）……1と½本（約100g）
みょうがの小口切り……2個分
青じその葉のせん切り……10枚分
白いりごま……大さじ2

作り方

一 ボールに温かいご飯を入れ、すし酢をふり入れる。しゃもじで切るように混ぜて粗熱を取る。

二 たこは薄い輪切りにする。たこ、きゅうり、みょうが、青じそ、白いりごまを一に加え、さっくりと混ぜる。

こんなふうに食べても
・フライやから揚げに添えて口直しに
・ゆでマカロニとあえてマカロニサラダに
・わかめと合わせて酢のものに

あるとないとでは大違い！「わざわざ」をやっておく。

＼速攻で作れて、食べごたえも満点／

これだって豚汁。

(1人分)○カロリー／173kcal　○塩分／2.0g

材料（4人分）

大根……………10㎝（300g）
ゆで豚こま（P109参照）……………200g
だし汁……………4〜5カップ
みそ……………大さじ3
あれば大根の葉……………適宜

作り方

大根は皮をむいていちょう切りにする。あれば大根の葉は小口切りにする。

小鍋にだし汁と一を入れ、中火にかける。煮立ったら大根が柔らかくなるまで10分ほど煮る。ゆで豚と大根の葉を加えて、みそを溶き入れる。

こんなふうに食べても

- 炒めものに加えるとほぐれやすくて味もなじむ
- 玉ねぎストックとあえておかずサラダに
- お好み焼きに入れてボリュームアップ

六章

頼れる、守護神素材

わが味方の食材が、鶏肉、きゅうり、ちくわ、じゃこ。
この子たちがあればなんとかなるから、冷蔵庫にはいつだってスタンバイ！

特製だれは、あつあつの
揚げたてにからめるべし。
ころもにたれがしみて、
とろっとして、さめてもおいしい。
カリカリのきゅうりを添えれば、
白いご飯がすすむすすむ！

さめてこそうまいっ!?

山盛りしそ甘酢から揚げ弁当

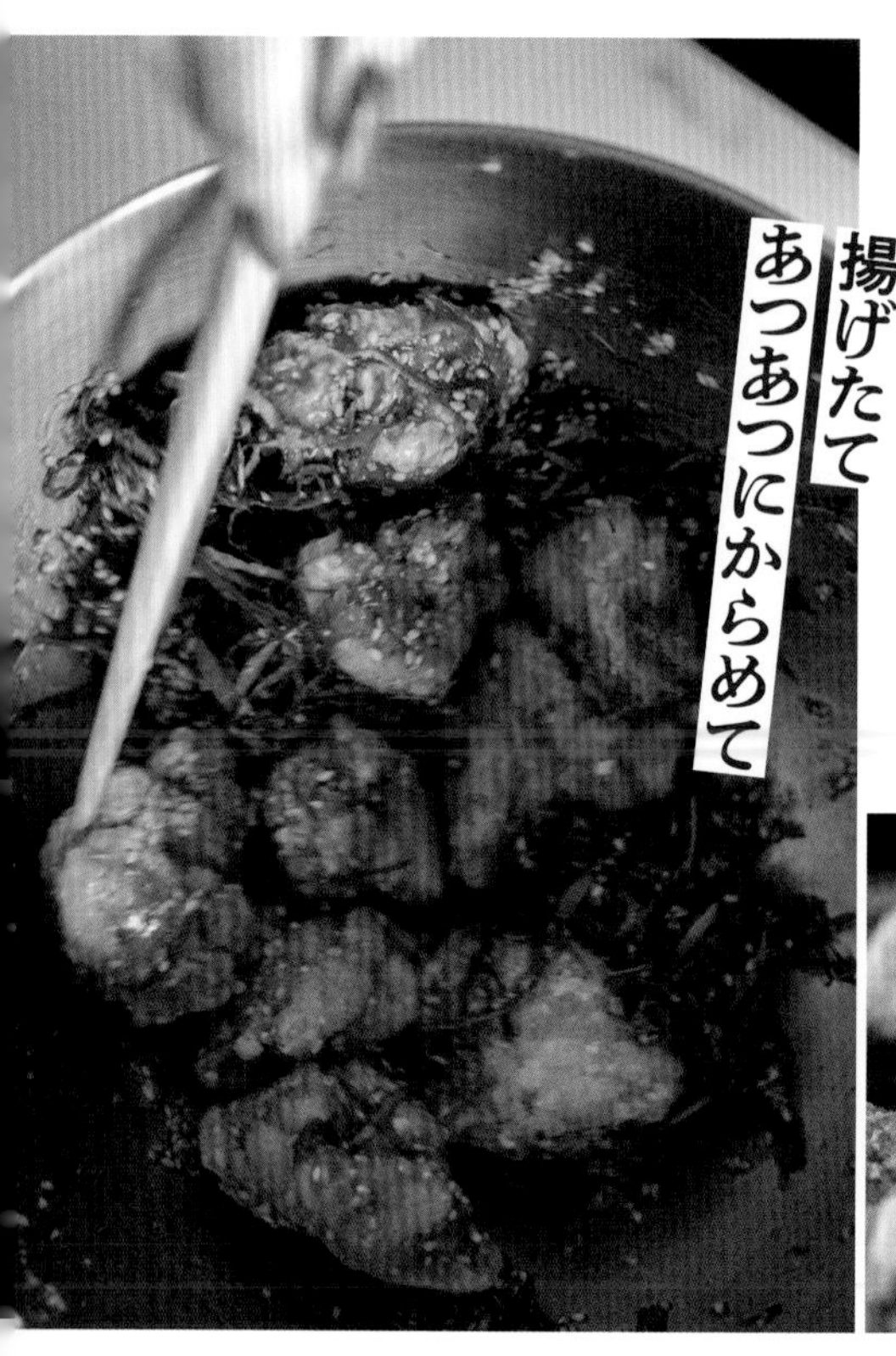

さめてこそうまいっ!?

山盛りしそ甘酢から揚げ弁当

(育ちざかりの男子の特大弁当1個分)○カロリー／2488kcal　○塩分／9.4g

材料(P114の弁当1個分)

鶏もも肉(大)……2枚(約600g)

〈特製しそ甘酢だれ〉

青じその葉のせん切り……15枚分
白いりごま、白すりごま……各大さじ½
市販のすし酢……大さじ4
しょうゆ……大さじ3

〈きゅうりのカリカリ〉

きゅうり……2本
しょうがの薄切り……2枚
塩……少々
白だし(5倍濃縮)……大さじ1

ご飯……2合分(約600g)
片栗粉……適宜
揚げ油……適宜

作り方

一　きゅうりは皮をしま目にむき、斜めに幅1cmに切る。保存袋に入れて塩でもみ、しょうがと白だしを加えて10分ほどおく。鶏肉は大きめの一口大に切り、片栗粉を薄くまぶす。ボールに甘酢だれの材料を混ぜる。

二　揚げ油を中温(P6参照)に熱し、鶏肉を7分ほど揚げる。こんがりと

笑っちゃう、しその量

尋常じゃない量の目安は、ひとつかみ。新しょうがやみょうがもおすすめ。甘酢だれは、市販のすし酢(P97左)としょうゆで手軽に。

したら取り出して油をきり、たれのボールに加えてさっとあえる。から揚げ、ご飯を弁当箱に詰め、きゅうりを添える。

図解式母ちゃん弁当

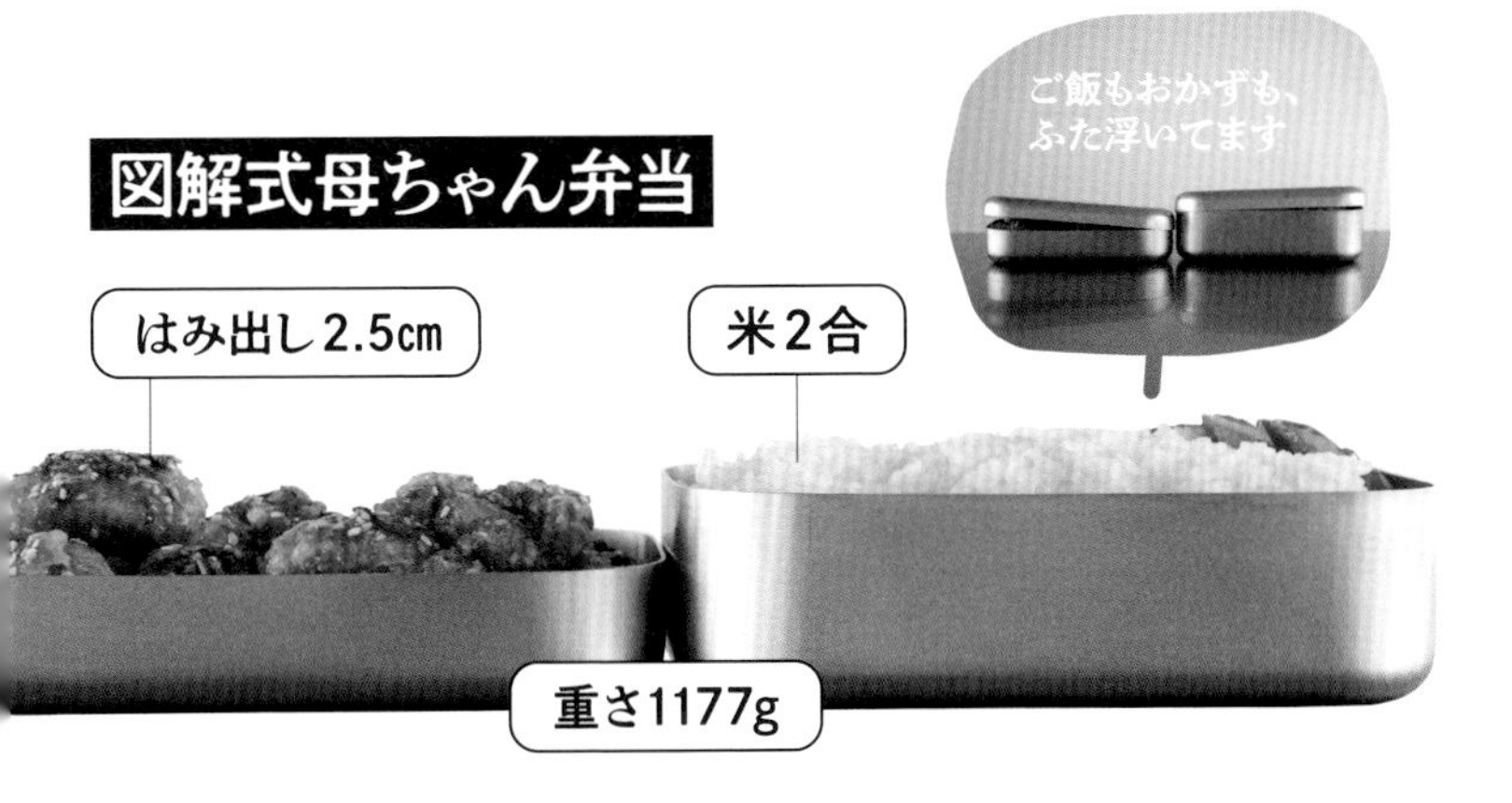

うまみしみみ、鶏しっとり。
カオマンガイ弁当

鶏のうまみがしみ出たスープで米を炊き、
さらにカリカリの鶏皮を混ぜると、もう絶品！
万能ねぎだれも、ほどよいピリ辛加減で
いい仕事しますよ！

うまみしみしみ、鶏しっとり。

カオマンガイ弁当

（育ちざかりの男子の特大弁当1個分）○カロリー／2276kcal　○塩分／7.6g

材料（P118の弁当1個分）

- 鶏もも肉（大）……2枚（約600g）
- きゅうり……1本
- 〈ゆで汁用〉
  - ねぎの青い部分……3本分
  - しょうがの薄切り……5〜6枚
  - 酒……½カップ
  - 塩……小さじ2
- 米……3合（540㎖）
- 万能ねぎだれ（左記参照）……適宜
- 粗びき黒こしょう……小さじ1

このたれ、万能につき

ねぎのみじん切り大さじ3、しょうがのすりおろし2かけ分、にんにくのすりおろし2かけ分、すし酢、しょうゆ各大さじ3、ナンプラー大さじ1と½、豆板醤（トウバンジャン）小さじ½、ごま油大さじ1を混ぜて。豚しゃぶや、サラダにも。保存の目安は冷蔵で4日ほど。

作り方

一　口径約22㎝の鍋にゆで汁用の材料と鶏肉を入れ、ひたひたの水（約1ℓ）を注いで中火にかける。煮立ったら2分ほどゆで、火を止めて30分ほどおいて余熱で火を通す。米はといでざるに上げる。

二　鶏肉の皮を取る。ゆで汁は完全にさます。炊飯器の内がまに米を入れ、ゆで汁を3合の目盛りまで注ぎ、普通に炊く※。

三　鶏皮は一口大に切る。フライパンに入れて中火にかけ、こんがりしたら取り出す。ご飯が炊き上がったらさっくりと混ぜ、鶏皮とこしょうを加えて混ぜる。

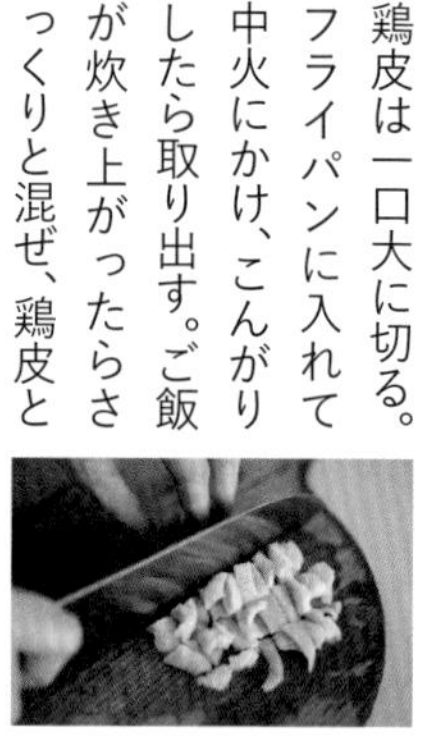

四　きゅうりは皮をしま目にむき、一口大の乱切りにする。鶏肉は3等分に切る。弁当箱にご飯2合分、鶏肉、きゅうりを詰め、たれをかける。

※ゆで汁が余ったら、野菜を入れてスープにしたり、おかゆを炊いても。ゆで汁に鶏肉をつけておくとパサつき防止に。

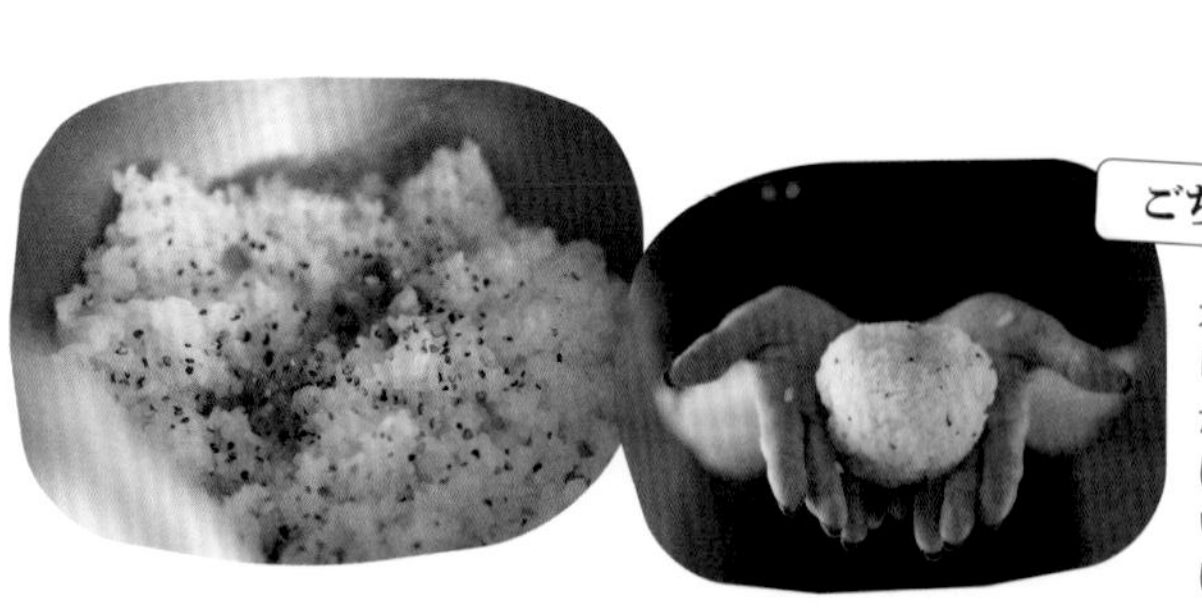

ごちそうおむすび

カリッカリの鶏皮と、こしょうをたっぷり混ぜたご飯が絶品！　残りはおむすびに。でかい？　でもペロッといけちゃうから！

図解式母ちゃん弁当

仕切りを
乗り越えるご飯。
はみ出し3.5㎝
米2合!
重さ1046g

水は少なめで
濃いめのスープに
鶏皮が
カリッカリ
うまみと脂が
米にしみる〜
鶏肉は大胆に
3等分!

カリッとどさっと
じゃこちく弁当

ちくわの穴ってなんでも受け入れてくれる。
バターじょうゆで焼けば、立派なメインに。
カリッカリに炒めたじゃこは、
ご飯にどっさり山盛りのせちゃって！

しし唐は、
両側から
入れちゃえば
オッケー！

＼カリッとどさっと／

じゃこちく弁当

（育ちざかりの男子の特大弁当1個分）〇カロリー／1284kcal
〇塩分／8.1g

材料（P122の弁当1個分）

ご飯……1と½合分（約495g）

〈カリカリじゃこ〉

ちりめんじゃこ……30g
白いりごま……適宜
ごま油……大さじ1

〈詰めちくわ〉

ちくわ（長めのもの）、
しし唐辛子……各4本
エリンギ……1本
バター……10g
しょうゆ……小さじ2
好みの漬けもの……適宜

作り方

一 フライパンにごま油を入れて中火で熱し、じゃこを入れて炒める。カリッとしたらごまを加えて全体を混ぜ合わせる。

二 エリンギは縦4等分に裂く。しし唐は2本ずつ、エリンギは2切れずつちくわの穴に詰め、食べやすい長さに切る。ちくわをフライパンに入れ、中火で2〜3分炒める。バターとしょうゆを加え、全体にからめる。

三 弁当箱にご飯を詰め、じゃこをのせ

ブロッコリー、
かわいいでしょ
アスパラが
シンデレラ
フィット！

いろいろできて、
楽しい

る。ちくわを詰め、漬けものを添える。

図解式母ちゃん弁当

はみ出し3.0cm

米1合半

重さ770g

作り置きしておくと、便利

じゃこは、パラパラになるまで炒めて。ごまを加えるともっとおいしい。まとめてやっとくといろいろ使えて便利。

《今日もやれることをやればいい。》

ぼちぼちやってます #チーム早起き

鶏肉ときゅうり、ちくわ&じゃこは、私にとっての絶対的守護神。いつだって冷蔵庫に入っていて、これさえあればなんとかなる！ボリュームのある鶏肉はどんなおかずにもなってくれるし、きゅうりは青みを添えてくれるすきまおかずに。ちくわはメインにもサブにも、じゃこ炒めはご飯のお供にも炒めものにも便利。この子たちがいれば、翌朝早起きしてのお弁当作りもスムーズ。朝が早ければ早いときほど、助けになります。

そうして早起きして作ったお弁当は、「#チーム早起き」とハッシュタグをつけてインスタグラムに投稿。このハッシュタグを始めたのは、3年前のコロナ禍のころでした。朝早くから一人で黙々とお弁当を作るのはいい時間でもあるけれど、ちょっと寂しいと感じている人もいるのではと思ったんです。世の中には、同じように早起きしてお弁当を作っているお母さんたちがたくさんいるはずだから、ハッシュタグでゆる～くつながってみるのはどうかな、と。すると、皆さんも同じハッシュタグで投稿してくれてチーム感が出てきて、私自身もすごく励まされました。同じ仲間がいると思うとなんだか心強い。力をもらえる！

さらに不定期で早朝インスタライブもやってみるようにしたら、

たくさんの人が見に来てくれて。24時間で消えるストーリーで「朝5時45分集合！」と前日の夜に呼びかけたら、翌朝はお弁当を作りながら、ただ話すだけ。決して私の顔は映しません。髪はボサボサ、すっぴんでお化けみたいなやばい状態ですから（笑）。映っているのはわが家の観葉植物、ウンベラータ。夜明け前のまだ暗いキッチンからお届けする気楽なラジオみたいなものです。寝起きのガラガラ声と、あとは包丁で野菜を切る音や、フライパンで炒める音が聞こえるだけ。

お弁当を作り終えて片づけをしているころには、次男が起きてくる気配がします。そこで私がすることといえば、包丁で野菜を切ってトントントン！　と音を出すこと。私自身、朝は母の包丁の音で目が覚めて、今でもその記憶が強く残っているんです。息子にもこの音を心に刻んでほしい。気持ちが先走って、強めに音を出すこともしばしば。なんなら何も切らずに、ただ包丁をまな板に当てていることだってある（笑）。気づいているだろうか……。料理中の音が聞こえて、おだしの香りがして、そういうことが当たり前の朝っていい。先日、焼き魚のにおいに「魚くさっ」って言われ、「#魚くさっ弁当」と名づけました。そんな朝です。

母ちゃんLOG

2015年5月17日

うちの常備品！#ちりめんじゃこをごま油と塩でからいり#ポリポリカルシウムおやつ

2015年7月26日

おはようございます☀　仕込み中〜〜今日は大事な試合がある。絶対勝ってこのきゅうりでお祝いだっ。笑　#昭和風な乾杯#きんきんに冷やしてみんなで泥んこのまんまかぶりつく

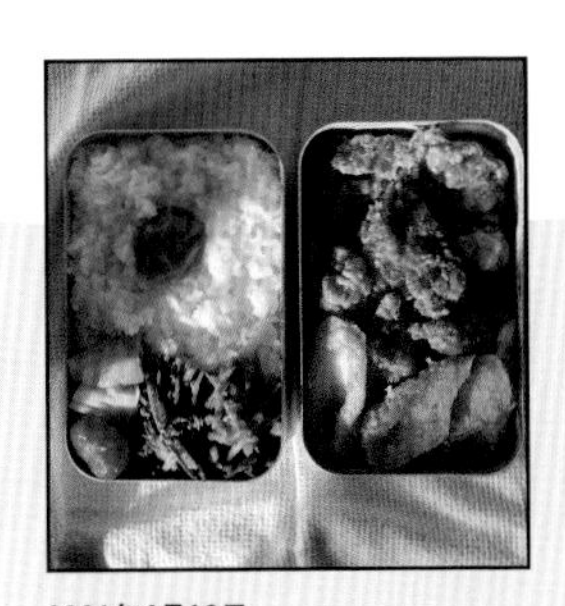

2021年4月19日

おはようございます。#チーム早起きの皆さま また月曜がやってまいりました。生きてるからこそです。笑 もう一度立ち止まり、やれることをやる。それしかないね。今週もだれかのために生きますよ

章

私の原点ソウルフード

ふるさと・福井の味と、大好きな母の味。昔も今も、私を支えてくれる大切な存在。
息子たちにも伝えたくて作りつづけています。

母の味を私流に

なつかしの厚揚げのり弁当

笑っちゃう大きさの厚揚げを焼いてカットしたら、
角を上にするように詰めると動きが出ます。
題して「山脈弁当」(笑)。
肉入りきんぴらを添えればボリュームのり弁の完成！

＼カリッカリ！／
ちゃんとさまして

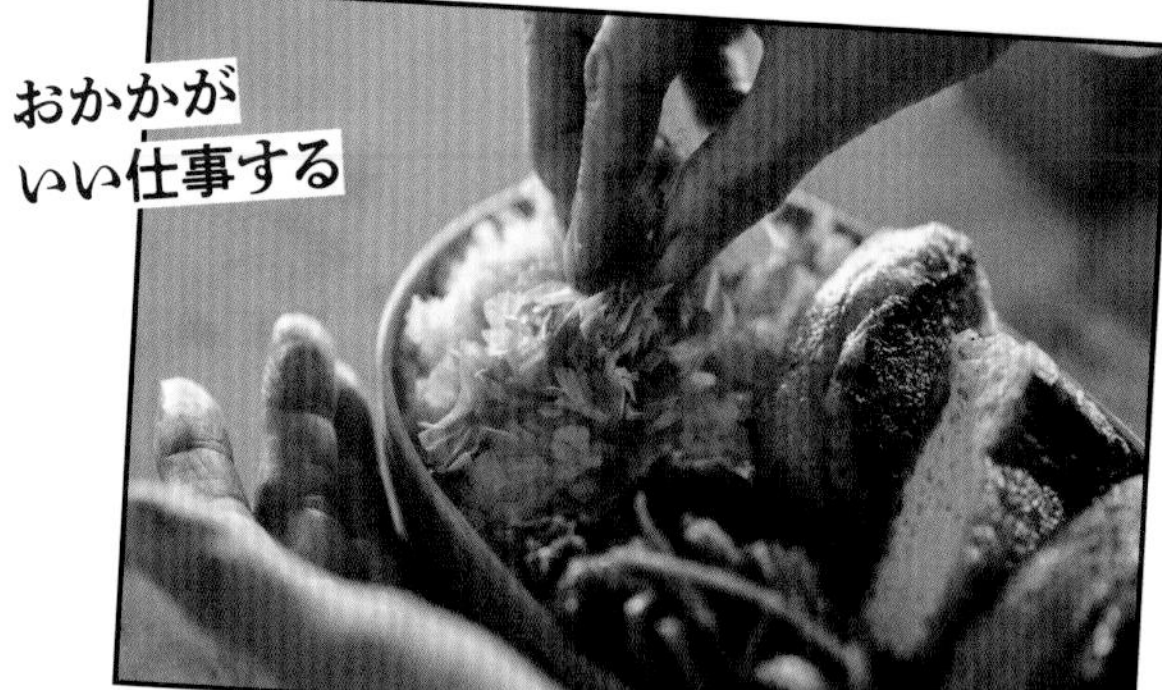
おかかが
いい仕事する

しょうゆを
ふって

のりはしっかり押さえて
しんなりと

＼母の味を私流に／

なつかしの厚揚げのり弁当

（育ちざかりの男子の特大弁当1個分）○カロリー／1173kcal　○塩分／5.5g

材料（P128の弁当1個分）

厚揚げ（大・左記参照）……1枚（約300g）
しょうゆ……大さじ1〜2

〈ねぎ塩だれ〉（作りやすい分量）

ねぎのみじん切り……1本分
塩……小さじ½
ごま油……大さじ1と½

〈肉入りきんぴら〉（作りやすい分量）

牛こま切れ肉……100g
ごぼう……½本
にんじん……½本
めんつゆ（5倍濃縮・P83参照）、しょうゆ、白だし（5倍濃縮）、砂糖……各大さじ½
サラダ油……大さじ1
削り節、しょうゆ、焼きのり……各適宜
ご飯……1と½合分（約495g）

愛する福井の味

おあげさんは、谷口屋さん一択。おいしいうえにボリュームがあるから、焼くだけで満足できるおかずになるんです。

作り方

一　ねぎ塩だれの材料を混ぜる。フライパンに厚揚げを入れて焼き色がつくまで焼く。裏返し、しょうゆを回しかけて、さらに焼き色がつくまで焼き、ペーパータオルに取り出す。三角形になるよう、対角線で4等分に切る。

二　ごぼうは包丁の背で皮をこそげ落とし、長さ6cmに切ってから細切りにする。水に5分ほどさらしてざるに上げる。にんじんは細切りにする。牛肉は食べやすく切る。

三　フライパンにサラダ油を中火で熱し、ごぼうを炒める。油がなじんだらにんじん、牛肉を加えて炒め合わせ、調味料を順に入れる。煮立ったら火を弱めて5分ほど煮る。強火にして汁けをとばす。

四　弁当箱にご飯と厚揚げを詰め、一、三各適宜を入れる。ご飯に削り節をふってしょうゆをひと回しかけ、のりをのせる。

図解式母ちゃん弁当

はみ出し3.5cm
重さ750g
米1.5合

わさっと おかかたっぷり弁当（特大卵焼き入り）

炊きたてご飯には、おかか＆生のねぎをオン。
混ぜずに食べるのがおいしいから、
あえておかずをぎゅうぎゅうに入れて
混ぜるすきまを与えない作戦。
おいしい新米の時期によく作ります。

卵焼きは人生だ!

ちょっと焦げても、最後きれいにできればいい。人生といっしょで、途中にはいろいろあるし、あるからおいしくなるんです（笑）。

あえて大きいまま詰めてみました。ちょっとの工夫で、いつもの卵焼きがほんの少し特別に見えるのもいい。

＼わさっと／

おかかたっぷり弁当（特大卵焼き入り）

（育ちざかりの男子の特大弁当1個分）○カロリー／1132kcal　○塩分／6.8g

材料（P132の弁当1個分）

ご飯……1合分（約330g）
削り節……好きなだけたっぷりと
ねぎのみじん切り……ふたつまみ
しょうゆ……小さじ1
〈卵焼き〉
卵……4個
白だし（5倍濃縮）、みりん……各小さじ2
ごま油……適宜
たらこ……$\frac{1}{2}$はら

下ごしらえは、いつだって多めに!

たらこを焼くときは多めにやっておくと便利。私のお昼ごはんにもできるし、翌朝にも食べられるし!

作り方

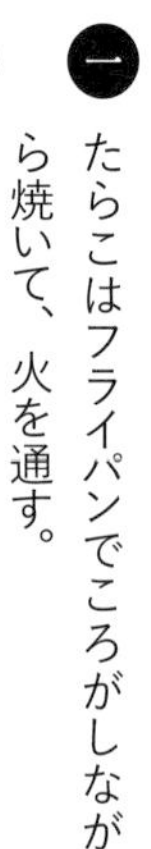

一 たらこはフライパンでころがしながら焼いて、火を通す。

二 ボールに卵を割りほぐし、白だしとみりんを加えてよく混ぜ合わせる。小さめのフライパンにごま油大さじ

好きなかつお節は、細めのもの。「本枯節 花くらべ」を愛用中。

たっぷりおかかに、ねぎのせ、さらにしょうゆをたらり。これが私のソウルフード！　しょうゆのむらがあるのもまたよし。塩もおすすめです。

2を入れて中火で熱し、卵液の¼量を流し入れ、菜箸で大きく混ぜる。卵が半熟状になったら巻く。卵を向こう側に寄せ、あいたところに残りの卵液を2～3回に分けて流して焼き、同様に巻く。途中、油がたりなければ適宜たす。

三 弁当箱にご飯を詰め、削り節をかける。ねぎをのせ、しょうゆをかける。卵焼きをすきまに合わせて切って詰める。焼きたらこをのせる。

《今でもなつかしくて、恋しい》

私の原点・母の料理とお弁当

母は、女手ひとつで私と兄を育て上げてくれました。働きながら家事もこなし、節約が当たり前の暮らしのなかで作ってくれたお弁当は、今でも忘れられません。のり弁が多かったなぁ。子どもにはしょっぱすぎるくらいの梅干しがのっかっていて。鶏胸肉を焼いたのは、一枚どーんとそのまま豪快に。いつも一生懸命働いていたから、食べやすいように切るひまなんてなかったんでしょう。穴埋め要員としてよく入っていたのはミックスベジタブル。ブロッコリーやミニトマトなんてものじゃなく。あと、なぜだか厚揚げの煮ものがよく登場してた。煮汁が出てほかのおかずにしみちゃうのに。

私が厚揚げを使うなら、煮ものじゃなくって断然焼き！　これは母のお弁当から学んだことです。それも福井といえばこれでしょっていう存在、谷口屋さんの立派なおあげをどーんとメインにしちゃいます。これ、本当においしい。通販もあるので、ぜひ試してみてほしい！　カリッと焼いてジュワッとしょうゆをしみ込ませるだけで白めしが何杯もいけちゃうから。これなら煮汁でびちゃびちゃになることないよって、母に教えてあげたい（笑）。

ほかに母の手料理で思い出すのは、大根おろし丼（福井の郷土料理的な存在）。あつあつの白ご飯に大根おろしとねぎ、おかかをどっさり。朝急いで出かけようとする私に、これだけでも食べていきな！　って出してくれました。母自身も忙しい日はよくこれを食べてたなぁ。そして私自身が母になった今、母と同じようにあわただしい日のお昼にはこれをほおばっています。最後の晩餐にはこれを食べたいくらい大好き！　お弁当にするなら、大根おろしはにおいと水分が気になるから省いて、おかかたっぷりにねぎをのせ、しょうゆをたらり。もうほかにおかずはいらないってくらい。

母の料理

母の料理の思い出は、本当にたくさんあります。大量のコロッケは、ひき肉を見つけるのが至難のわざ。じゃがいもでかさ増ししてて、お肉の味はほとんどしない。寒い冬にはストーブの上に大きなアルミの鍋を置いておでんを煮たり、あずきを炊いたりしてくれてた。フライパンのままおかずを出してきたこともあった。れんこんの穴を見ながら、一つの視点よりたくさんの視点で見るほうがいろいろなことがわかるね、なんて話をしたことも。

よく覚えている母の言葉は、「買ってきた材料で作るよりも、冷

母ちゃんLOG

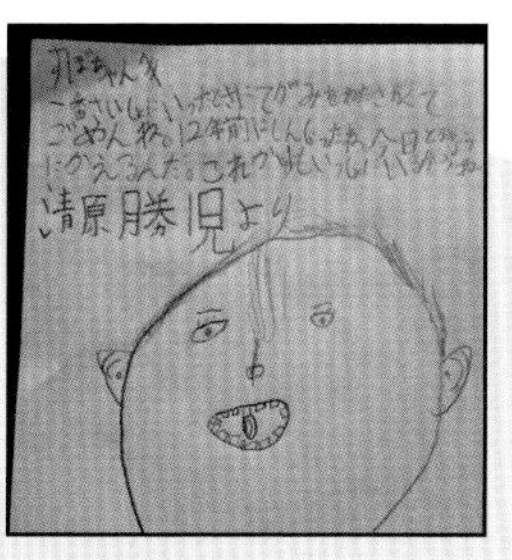

2014年1月3日

母に手紙を……絵は3歳以下だけど、なんか泣けた

2014年10月2日

2001年9月、母が手術を受ける前日の病室で。母の笑顔。母の笑顔の中には人生のヒントがいっぱい詰まってた

2017年3月17日

母のにおいを思い出す写真を見つけた。写真の向こうには少し恥ずかしそうに私を抱いている母がいる。人はいくつになっても、ずっとずっとこの姿を求めているのかもしれない。ドラえもんが友達なら、一瞬でいい私をこの時に戻してほしいと欲張る夜……笑

蔵庫にあるもので工夫してできる人が本当の料理上手だ」ってことや「みそ汁の具は買ってくるもんじゃない」ってこと。思えば母が作るみそ汁には、裏庭からとってきたねぎがよく入ってた。新しい洋服には半額の値札がついてて、化粧品はいつもサンプルという人だったので、お金をかけずにあるもので一品作るということが生活の知恵でもあったんでしょう。私もその教えどおり、冷蔵庫にあるものでなんとか作ろうとがんばるし、みそ汁の具は基本残りもの。豚肉とねぎだけで豚汁とすることだってあります。

母から教えてもらったことは、記憶として積み重なっている。食は記憶だとあらためて感じます。私が作る毎日の料理やお弁当も、息子たちが意識せずとも記憶として残るものだと思っている。彼らはソースカツや大根おろし丼が福井の味だとわかってくれているし、私の味と記憶してくれているはず。

そんなことを考えていたら、彼らが覚えてくれているかも？　と

2020年7月18日

福井県出身の私が小さいころからよく食べていたまかない丼。母が手早く作るこのどんぶりで私は大きくなりました。笑
なので、私もこれで子どもたちを大きくしています。笑　やる気が出ない日や、ラクしちゃおう的な日にもってこい。
暑い日や、小腹がすいた夜食なんかにも最適です。
命名……【私を大きくしてくれてありがとう丼】笑

2022年6月17日

本日は母の成人式です……笑　早いもので天国へ引っ越し20年。母がくれた忘れられない言葉があります。

「ここには何もないから、亜希の好きなようにしなさい。」

15歳の私に言い切った言葉です。その意味がようやく53歳あたりでわかってきた気がしてます。笑
この言葉がなかったら今の私はいない。ここには何もないから……成人式万歳〜〜。

なんだか今朝はお祝い気分です

亜希の名（迷）言集

「インタビューで憧れる人は？　目標は？　ときかれたら今なら秒で　#どか弁になりたいです。と言うにちがいない。笑」

今日も元気に
いってらっしゃい！

感じたことを思い出しました。長男が高校生、次男が中学生のころ。翌朝が仕事で早いからと、スーパーで味つけずみの鶏肉を買ったんです。バジル味と書いてあって、これを焼くだけでいいか、と。それをお弁当に入れて息子たちに持たせたところ……。同じタイミングでそれぞれからＬＩＮＥが来ました。メッセージは「今日のって、ちょっと違くない？」。いつもと違うお弁当だということを、そろって遠慮がちに同じような言い回しで伝えてきたんです。おもしろいなぁーと笑ってしまうと同時に、わかるんだな、伝わってるなと実感。と言いつつ、忙しいとやっぱり買ってきた焼きとりをそのままのせちゃうこともある。

どんな気持ちで食べているのかなんて、本当のところはわかりません。男の子だからか、何も言ってくれないし。何がどう伝わって、どんなふうに記憶されているかはわからない。でも、フライパンごとどんと出すおかずでも、焦げ目のついたしょうが焼きでも、真っ茶色のお弁当でもいい。むしろそれがいいんじゃん！　と思える自分でいられるのは、ありし日の母の姿を思い出すからなのです。

おわりに

いやー
作ってきた！　作ってきた！
本気と書いて、マジで！笑
なんか【命懸け】って言葉が、
大げさかもしれないけど、今しっくりきてる。

これもぜーんぶ、私が生きてきた証し。
食べる側のためだと思っていたこのすべての作業は、
振り返ってみると自分の肥やしになっていたと、今さらながらに気づかされる。笑

目をつむると、いろんな朝を思い出します。

日を追うごとにお弁当箱のサイズも規格外になり、
もちろんご飯の量も漫画並み。

不安に押しつぶされそうな朝や、
なかなか起きられない朝、

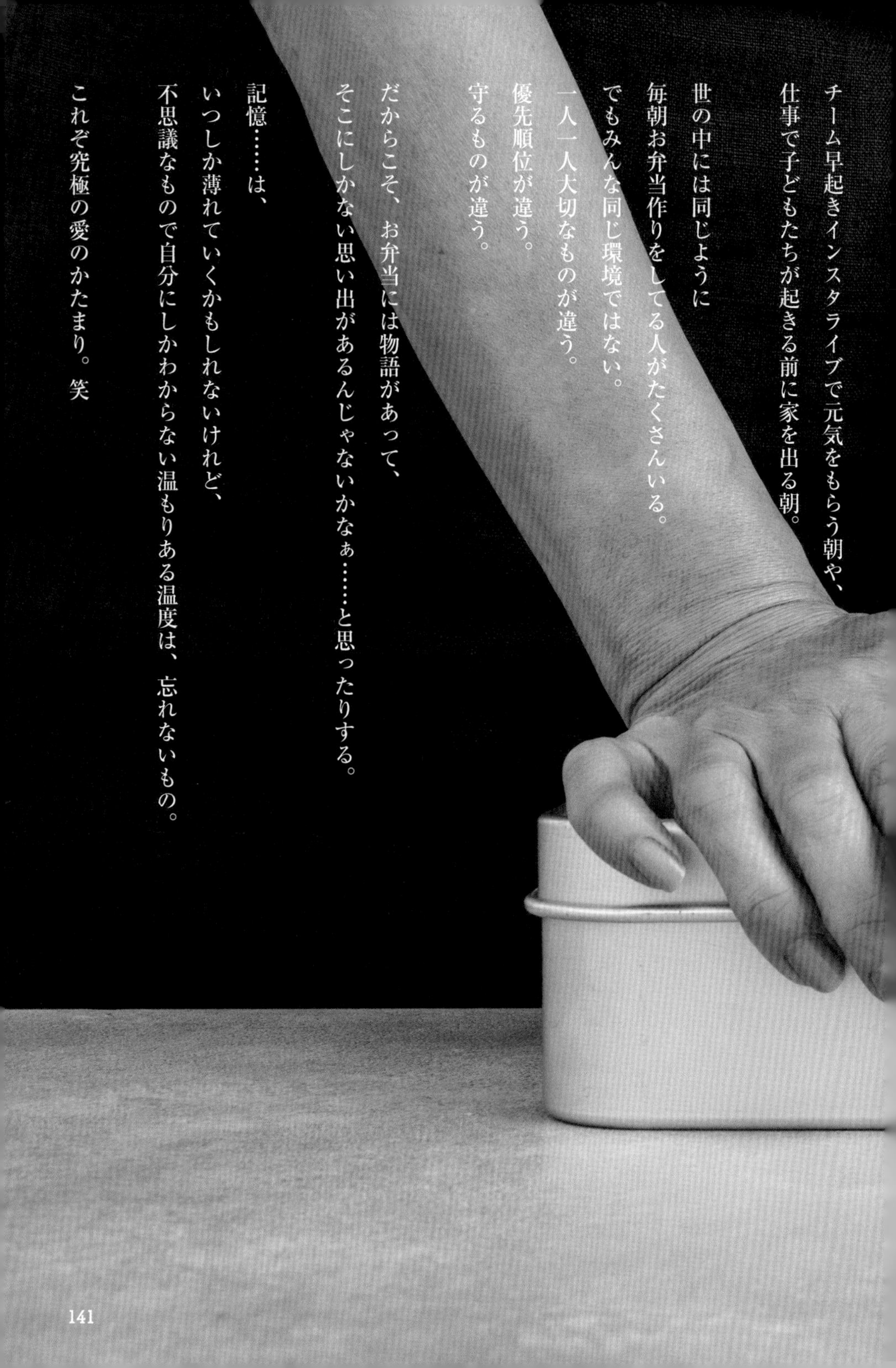

チーム早起きインスタライブで元気をもらう朝や、
仕事で子どもたちが起きる前に家を出る朝。
世の中には同じように
毎朝お弁当作りをしてる人がたくさんいる。
でもみんな同じ環境ではない。
一人一人大切なものが違う。
優先順位が違う。
守るものが違う。
だからこそ、お弁当には物語があって、
そこにしかない思い出があるんじゃないかなぁ……と思ったりする。
記憶……は、
いつしか薄れていくかもしれないけれど、
不思議なもので自分にしかわからない温もりある温度は、忘れないもの。
これぞ究極の愛のかたまり。笑

昔から愛とかＬＯＶＥとか、
あんまり好きな響きではなかった私ですが、
愛というフレーズは
お弁当のためにあるものではないかと最近思います。笑

また今日もがんばれる。
また今日も作れた。
また、また。
今日も、今日も。

この繰り返しを重ねる意味。
たぶん、その答え合わせはもう少し先かもしれないけれど、
確実に今言えるのは、
だれかのためではなく、自分のためだってこと。

繰り返し重ねた武器を持つ人は強い。
亡き母がよく言ってた。
その武器は人に取られないって……

最後になりますが、
おい、正吾と勝児！
母ちゃんの命懸け……
一生忘れんなよー。笑

って、相変わらずの恩着せがましさ。

最後の最後に……
この本を手にとっていただき、
本当に本当にありがとうございました。

だれかの心に、
小さな生きる力が宿りますように。

感謝

2024　2月14日

亜希（あき）

1969年、福井県生まれ。2019年にモデル業を引退。現在はアパレルブランド「AK+1」のディレクターを務めながら、テレビのコメンテーターや料理家として活躍。大学生と高校生の男児を育てている。食べざかりの息子たちに作る豪快な料理や、明るく飾らない人柄が、幅広い世代に人気。日テレ系の情報番組「DayDay.」にて木曜レギュラー（隔週）として活躍中。YouTube「亜希の母ちゃん食堂」配信中。オンラインサロン「まどい家の人々」も好評。著書に『亜希のことば』（講談社）、『家 ごはんと野球』（CCCメディアハウス）ほか。

Instagram　@shokatsu0414

YouTube　https://www.youtube.com/@thebapartment4513

まどい家の人々　https://www.madoikenohitobito.com/

亜希の「ふたが閉まるのか？」弁当

～母ちゃんと息子2人、笑いと涙の18年の弁当記録～

2024年3月29日 第1刷発行
2024年5月10日 第2刷発行

発行人　鈴木善行
発行所　株式会社オレンジページ
〒108-8357
東京都港区三田1-4-28
三田国際ビル

電話
ご意見ダイヤル
03-3456-6672
販売（書店専用ダイヤル）
03-3456-6676
（読者注文ダイヤル）
0120-580799

印刷　図書印刷株式会社

STAFF
アートディレクション／藤田康平（Barber）
デザイン／藤田康平＋前川亮介（Barber）
撮影／伊藤徹也、
YUJI TAKEUCHI（BALLPARK　P24～31、P139）
ヘア＆メイク／野田智子
スタイリング／西﨑弥沙（表紙、P34～79、
P108～112、P122～135）、
久保田加奈子（P16～31、P80～83、P94～101、
P114～121）
調理補助／大林久利子
熱量・塩分計算／五戸美香（スタジオナッツ）
撮影協力／伊藤京子（NLINE）
文／晴山香織
編集担当／小栁恵理子

Printed in Japan

●本書は2021～2023年の『オレンジページ Cooking』より一部の記事を抜粋し、加筆・修正して、新たな記事を追加したものです。